KB262603

# 초급자를 위한

# 앞에서 톡 중국어 회화

- 발음
- 자기소개

문예림

## 저자 소개

### 김정미
- 상명대학교 교육대학원 중국어 교육 석사
- 중원 청소년 수련관 방과 후 교실 교사

### 김태영
- 상명대학교 교육대학원 중국어 교육 석사
- 귀인 중학교 중국어 교사

### 이선녀
- 상명대학교 교육대학원 중국어 교육 석사
- 경일관광경영고등학교 중국어 교사

### 이재은
- 상명대학교 교육대학원 중국어 교육 석사
- 시엔따이 중국어 학원 HSK팀 팀장 역임



**초급자를 위한 입에서 톡 중국어회화** – 발음 / 자기소개

**초판인쇄** : 2012년 2월 28일
**초판발행** : 2012년 3월 05일
**저　　　자** : 김 정 미·김 태 영·이 선 녀·이 재 은
**일 러 스 트** : 김 하 나
**발　행　인** : 서 덕 일
**펴　낸　곳** : 도서출판 문예림
**등　　　록** : 1962. 7. 12　제2-110호
**주　　　소** : 서울특별시 광진구 군자동 1-13 문예하우스 101호
**전　　　화** : (02)499-1281~2
**팩　　　스** : (02)499-1283
http://www.bookmoon.co.kr, www.ebs.co.kr
E-mail : book1281@hanmail.net

ISBN 97889-7482-639-0


＊잘못된 책이나 파본은 교환해 드립니다.

# ··· ♥ 머리말 ♥ ···

## 처음 중국어를 배우는 초급자를 위한 교재!

이 책은 중국어를 처음 접하는 초급자를 위한 기초 중국어 회화책입니다.

최근 중국과의 교류가 활발해짐에 따라 중국어를 배우려는 사람들이 많아졌습니다. 하지만 어려운 한자나 생소한 발음 때문에 시작을 망설이게 되는 경우가 많습니다. 그래서 저희는 이 점을 보안하고자 발음 학습을 따로 편성하여 처음 배우는 분들에게 좀 더 쉽고 정확하게 발음을 연습할 수 있도록 하였습니다. 또한 매 과마다 본문 내용을 노래에 맞춰 중국어로 부르며 익히는 재미도 더하였습니다. 입에서 흥얼거리며 저절로 외워지도록 말이죠.

이 책은 중국어를 처음으로 배우는 초급자의 눈높이에 맞춰져, 기존의 딱딱하고 지루한 암기식 공부에서 벗어나 가볍게 눈으로 보며 귀로 들으며 즐겁게 공부할 수 있도록 만들어졌습니다. 현지 중국인들이 실제 사용하는 회화 중심으로 내용을 구성하였으며, 기초문법 또한 간단하면서도 명확하게 설명하여 초급자가 이해하기 쉽도록 만들었습니다.

중국어를 처음 시작하시는 분들이 이 책 하나만으로도 발음은 정확히, 자기소개는 자신있게, 일상생활에서도 즐겁게 중국어로 대화하실 수 있을 거라 확신합니다. 이 책으로 인하여 많은 학습자들이 중국어의 한자나 발음이 너무 어렵다는 편견을 깨고 중국어를 즐기면서 배울 수 있기를 희망합니다.

한 권의 교재가 완성되기까지 애써 주신 모든 분들과 교재를 출판하여 주신 문예림 사장님께 감사의 뜻을 표합니다.

2012년 2월 저자 일동

### ❖ 발음

중국어 글자와 그것을 읽는 방법, 발음 방법에 대해서 보기 쉽게 정리하였습니다. 실제 발음 기관을 도식화한 개구도를 첨부하여 그림으로 쉽게 발음 원리를 이해할 수 있도록 하였으며, 다양한 방법으로 발음을 연습할 수 있도록 하였습니다.

### ❖ 상황별 회화

각 상황에 따라 기본적으로 알아야 할 표현을 학습할 수 있도록 하였습니다. 최대한 실생활에서 유용하게 쓰일 수 있는 문장들로 구성하였으며, 복잡하지 않은 문장으로 초보자가 학습하는데 어려움이 없도록 하였습니다.

### ❖ 따끈따끈 단어 익히기

본문에서 다루지 않은 단어를 그림과 함께 추가 보충하여 학습자가 다양한 어휘를 습득할 수 있도록 하였습니다.

### ❖ 또박또박 발음하기

매 과마다 가장 중요한 발음 및 성조의 변화를 중심으로 다뤘으며 원어민의 발음을 듣고 따라 반복 연습할 수 있도록 하였습니다.

### ❖ 샬라샬라 말하기

본문에서 익힌 내용을 가지고 여러 단어들을 활용해 주요 패턴을 반복 연습할 수 있도록 하였습니다.

### ❖ 끄적끄적 쓰기

기본적으로 꼭 알아야 할 한자들을 필순에 맞춰 여러 번 반복하여 쓸 수 있도록 하였습니다.

### ❖ 무럭무럭 실력 키우기

여러 형태의 문제를 풀어 봄으로써 앞에서 배운 내용을 완벽하게 이해할 수 있도록 정리하였습니다.

### ❖ 룰루랄라 노래하기

누구나 쉽게 따라 부를 수 있는 동요 음률에 각 과에서 배운 본문 내용을 가사화하여 학습자가 노래로 부르면서 좀 더 쉽게 본문 내용을 기억하도록 하였습니다.

### ❖ 일러두기

1. '一', '不' 등 성조의 변화에 대해서는 뒤의 성조에 따라 변화된 성조로 표기하였습니다. (그 외 나머지는 모두 원래의 성조대로 표기하였습니다. 단, 경성은 제외)
2. 인명이나 지명, 등 중국 고유명사는 중국어 발음 그대로를 한국어로 표기하였습니다.
3. 새 단어의 중국어 품사는 아래 다음과 같이 약자로 표기하였습니다.

| 품사 | 약호 |
| --- | --- |
| 개사(전치사) | 개 |
| 고유명사 | 고유 |
| 대명사 | 대 |
| 동사 | 동 |
| 명사 | 명 |
| 부사 | 부 |
| 수사 | 수 |
| 양사 | 양 |
| 의문사 | 의 |
| 접속사 | 접 |
| 접미사 | 접미 |
| 조동사 | 조동 |
| 조사 | 조 |
| 형용사 | 형 |

## 발음 목차

1. 중국어는요 ........................................................ 12

2. 성조는요 ........................................................ 14
  성조 연습하기
  확인해 볼까요?

3. 성모는요 ........................................................ 22
  어떻게 발음할까요?
  확인해 볼까요?
  bo po mo fo Song

4. 운모는요 ⋯⋯⋯⋯⋯⋯⋯⋯⋯⋯⋯⋯⋯⋯⋯ 53

　　어떻게 발음할까요?
　　한어병음의 철자규칙
　　확인해 볼까요?


가장 많이 쓰이는 음절 연습하기 ⋯⋯⋯⋯⋯⋯ 75
한어병음 음절표 ⋯⋯⋯⋯⋯⋯⋯⋯⋯⋯⋯⋯⋯⋯ 76

# 자기소개 목차

### Chapter1. 인사 ···························································· 81
만나고 헤어질 때 인사하기
상대방의 안부 묻기
처음 만났을 때 인사하기
주위 사람의 안부 묻기

### Chapter2. 이름 ···························································· 93
자기 이름 소개하기
이름 말하기
상대방의 존함 여쭈어보기

### Chapter3. 국적 / 신분 ·················································· 103
국적 말하기
신분 말하기

### Chapter4. 나이 ···························································· 115
나이 말하기
상대방의 나이 여쭈어보기

### Chapter5. 생일 ···························································· 125
생일 말하기
띠 말하기
생일축하하기

**Chapter6. 가족** ················································· 135

가족 수 말하기
가족 상황 소개하기


**Chapter7. 연락처 / 주소** ································· 147

전화번호 말하기
사는 곳 말하기


**Chapter8. 취미** ················································· 157

취미 말하기
능력 말하기


**Chapter9. 장래희망 / 직업** ························· 167

장래희망 말하기
직업 말하기


**부록** ······································································· 180
**해석 및 정답** ··················································· 188

발음

# 1. 중국어는요

### ✿ 한어병음방안(汉语拼音方案 Hànyǔ pīnyīn fāng'àn)

중국어는 사람의 말 소리를 기호로 옮겨서 나타내는 '표음문자'와 달리, 글자 자체에 뜻을 포함하고 있는 '표의문자'입니다.
표의문자는 그 자체로는 읽을 방법이 없기 때문에 알파벳 로마자를 빌어와서 그 발음을 표기하였으며, 그 위에 성조도 함께 표기하였는데, 이것을 바로 '한어병음방안'이라고 합니다.

### ✿ 간체자(简体字 jiǎntǐzì)

중국에서는 오랫동안 우리가 현재 쓰고 있는 한자와 같은 '정자(혹은 번체자라고도 함)'를 써왔었지만, 그 획수가 많고 쓰기가 복잡하다는 단점을 극복하기 위해 현재는 약 2,238개의 간체자를 만들어 사용하고 있습니다.
이러한 간체자의 보급은 문맹률을 낮추고 초등교육을 보편화하는 성과를 낳았습니다.

### ✿ 보통화(普通话 pǔtōnghuà)

중국어를 가리키는 명칭은 많지만, 그 중에서도 '보통화'라는 것은 우리말의 '표준어'와 같은 의미로, 현재 중국에서 사용하고 있는 공용어를 뜻합니다.
중국어에는 크게 7개의 방언이 있는데, 그 차이가 너무 심해서 같은 중국인끼리도 의사소통이 힘든 정도입니다. 때문에 '보통화'를 공용어로 지정하여, 현재에는 거의 모든 지역에서 보통화로 의사소통이 가능하게 되었습니다.

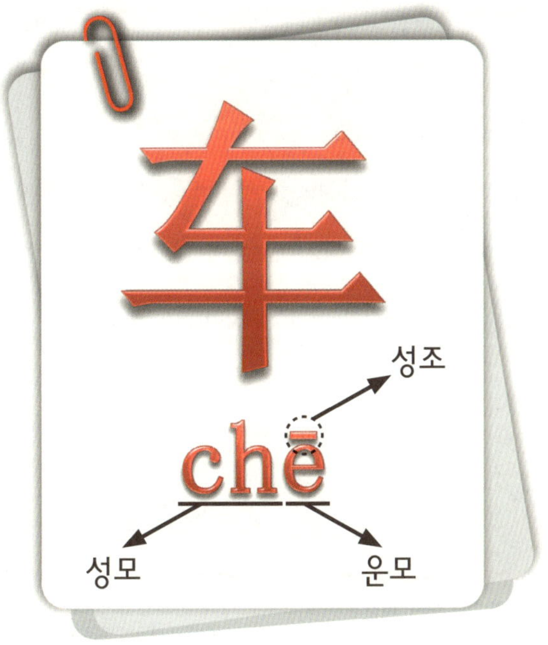


## 🌸 성조

'성조'는 음의 높낮이를 나타내는 것으로, 중국어에서는 음절 하나하나가 모두 '성조'를 가지고 있으며, 제1성~제4성까지 총 4개의 성조가 있습니다.

## 🌸 성모

음절에 있어 자음(字音)의 첫소절 부분을 '성모(声母)'라 하며, 중국어의 성모는 총 21개로 이루어져 있습니다.

## 🌸 운모

음절에 있어 성모를 제외한 나머지 부분을 '운모(韵母)'라 하며, 모음 또는 모음에 자음이 더하여진 구조입니다.

# 2. 성조는요

 **성조(声调 shēngdiào)**

성조는 음의 높낮이를 나타내는 것으로, 중국어의 음절은 하나하나가 모두 성조를 가지고 있습니다.
성조는 제1성~제4성까지 모두 4개의 성조가 있고, 그 밖에도 경성(특정한 높낮이가 없는 성조)가 있습니다.
똑같은 음가를 가진 한자라도 성조에 따라 뜻이 완전히 달라질 수 있으므로 주의해야 합니다.

잘 듣고 따라 읽어보세요.

### 제1성

높은 음에서 시작하여 끝까지 평탄하고 같은 높이로 길게 소리 내는 성조 (5도→5도)

### 제2성

중간 음에서 시작하여 뒤를 끌어 올리며 소리 내는 성조 (2도→5도)

### 제3성

낮은 음에서 시작하여 최저음 까지 내려갔다가 튕기듯이 끝을 올리며 소리 내는 성조 (2도→1도→5도)

### 제4성

가장 높은 음에서 시작하여 짧고 강하게 내리 꽂듯이 소리 내는 성조 (5도→4도)

## ✺ 경성(轻声 qīngshēng)

경성은 일정한 높이가 없으며, 앞에 나오는 성조의 영향을 받아 그 높이가 결정됩니다.
제1성 뒤에서는 2도, 제2성 뒤에서는 3도, 제3성 뒤에서는 4도, 제4성 뒤에서는 1도로 발음되며, 어디에 붙든 가볍고 짧게 발음합니다.

잘 듣고 따라 읽어보세요. 🔊

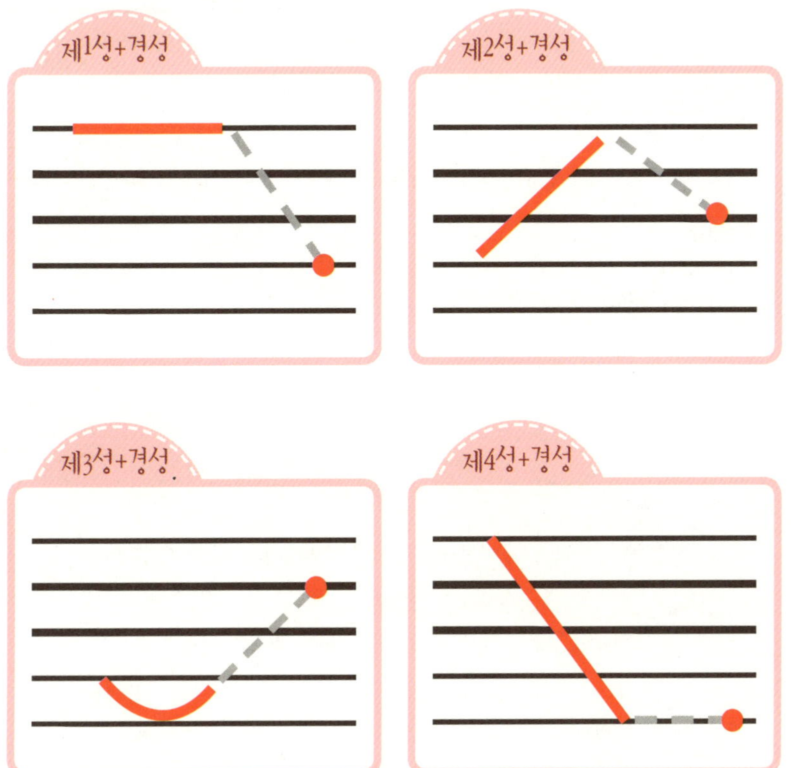

## ✳ '3성'의 변화

**(1)** 3성 + 1, 2, 4, 경성 → 반3성 + 1, 2, 4, 경성

  3성 뒤에 3성을 제외한 다른 성조가 오는 경우에는 앞의 3성이 '반3성'으로 변합니다. '반3성'은 3성을 반만 발음한다는 뜻으로, 최저음으로 내려가는 앞부분만 발음하며, 꼬리의 올라가는 부분은 발음하지 않습니다.

ex Běijīng ⇒ Bèijīng
   Měiguó ⇒ Mèiguó
   Nǐmen ⇒ Nìmen

**(2)** 3성 + 3성 → 2성 + 3성

  3성 뒤에 바로 3성이 붙어 나오는 경우에는 앞의 3성이 '제2성'으로 변합니다.

ex Nǐhǎo ⇒ Níhǎo
   hǎikǒu ⇒ háikǒu
   xǐjiǔ ⇒ xíjiǔ

※ 단, 성조를 바꾸어 발음해도 성조 부호의 표기는 바뀌지 않습니다.


## ✳ '一'의 성조 변화

'一'는 본래 제1성이지만, 뒤에 오는 음절의 성조에 따라 성조가 변화합니다.

**(1)** 一(yī) + 1, 2, 3성 → 一(yì) + 1, 2, 3성

  뒤에 제1, 2, 3성이 오는 경우에 '一'는 제4성으로 변화합니다.

ex yīxiē ⇒ yìxiē
   yīnián ⇒ yìnián
   yīběn ⇒ yìběn

(2) 一(yī) + 4성 → 一(yí) + 4성
뒤에 제4성이 오는 경우에 '一'는 제2성으로 변화합니다.

ex yīmiàn ⇒ yímiàn
   yītào ⇒ yítào

## ❀ '不'의 성조 변화

'不'는 본래 제4성이지만, 뒤에 오는 음절이 똑같이 제4성일 경우, 제2성으로 변화합니다.

不(bù) + 4성 → 不(bú) + 4성

ex bùjiàn ⇒ bújiàn
   bùshì ⇒ búshì
   bùqù ⇒ búqù

## ❀ 성조 표기 규칙

(1) 운모(모음)가 하나일 때는 그 하나의 운모 위에 표기합니다.

(2) 운모가 2개 이상일 경우에는 a > o = e > i = u = ü 의 순서로 표기합니다.

ex dài / bēi / jiǎo / gǒu

※ 'i, u, ü'는 동급이므로 순서에 상관없이, 무조건 뒤에 나오는 운모에 성조를 표기합니다.

ex tuǐ / diū / liù

(3) 'i' 위에 성조표기를 할 경우에는 위의 점을 떼고 표기합니다.

(4) 경성은 성조부호를 따로 표기하지 않습니다.

# 성조 연습하기

 '제3성'의 성조변화에 유의하며 다음을 읽어보세요.

| 3+1성 | lǎoshī | Běijīng | tǔsī | shǒujī |
|---|---|---|---|---|
| 3+2성 | gǎigé | yǔyán | cǎoméi | hǎiyáng |
| 3+3성 | biǎoyǎn | lǐxiǎng | nǐhǎo | lǐngtǔ |
| 3+4성 | biǎomèi | tǎotài | jiǔliàng | nǎodài |

 'ー'의 성조변화에 유의하며 다음을 읽어보세요.

| ー+1성 | yìbān | yìzhī | yìshuāng | yìzhāng |
|---|---|---|---|---|
| ー+2성 | yìnián | yìmíng | yìcéng | yìmén |
| ー+3성 | yìběn | yìkǒu | yìqǐ | yìdiǎn |
| ー+4성 | yítào | yílì | yíkè | yíbù |

 '不'의 성조변화에 유의하며 다음을 읽어보세요.

| 不+1성 | bùtīng | bùchī | bùshuō | bùgāo |
|---|---|---|---|---|
| 不+2성 | bùyuán | bùrú | bùmáng | bùxíng |
| 不+3성 | bùhǎo | bùgǎi | bùxiě | bùjiǔ |
| 不+4성 | búshì | bújiàn | búqù | búxìn |

| 1+1성 | bēi'āi | qiūtiān | xiāoshī | zhōngxīn |
| 1+2성 | cāngbái | piāoliú | sēnlín | bōluó |
| 1+3성 | qiānbǐ | bānzhǎng | zhōngwǔ | jīngdiǎn |
| 1+4성 | shūdiàn | yīlài | xiāomiè | chāyì |
| 2+1성 | míngdān | jiéhūn | guójiā | píng'ān |
| 2+2성 | tóuténg | zúqiú | tóngxué | liúyán |
| 2+3성 | yóuyǒng | cídiǎn | chuíliǔ | cháguǎn |
| 2+4성 | xuéxiào | páiduì | yíngyè | píngmù |
| 3+1성 | měitiān | lǎoshī | jiǎndān | huǒchē |
| 3+2성 | jǐngchá | zhǔrén | xiǎoháir | yǔyán |
| 3+3성 | chǎnpǐn | yǔsǎn | guǎnlǐ | xǐjiǔ |
| 3+4성 | bǐsài | pǎobù | zǐxì | biǎomèi |
| 4+1성 | bènzhuō | dàjiā | hùxiāng | qìchē |
| 4+2성 | dìqiú | bàngqiú | zhòuwén | miàntiáo |
| 4+3성 | fùmǔ | liàngjiě | shìchǎng | dàibiǎo |
| 4+4성 | mìmì | xiànmù | yùndòng | xìnlài |

**1.** 녹음을 듣고 해당되는 글자 위에 알맞은 성조를 표기해보세요.

1) 
调

2) 
甜

3) 
苦

4) 
辣

5) 
东

6) 
北

**2.** 녹음을 듣고 성조 표기가 올바르게 된 것을 고르세요.

1) kǎo

2) chē

3) piào

4) mìlù

5) pǎobù

6) miàntiǎo

7) hǎiyàng

8) jiějué

9) jiàtǐng

10) gāoxìng

**3.** 녹음을 듣고 올바른 위치에 성조를 표기해보세요.

1) ma       6) jue

2) zao       7) dui

3) xian       8) zhuo

4) liu       9) neng

5) shei       10) yuan

## ❀ 성모(声母 shēngmǔ)란?

성모란 두음 자음(초성)으로, 독립적으로 음을 나타낼 수 없으며 반드시 운모(모음)이 함께 있어야 음을 낼 수 있습니다.
중국어의 성모는 총 21개로 이루어져 있습니다.

## ❀ 발음기관의 명칭

① 윗입술
② 윗니
③ 잇몸
④ 경구개
⑤ 연구개
⑥ 목젖
⑦ 아랫입술
⑧ 아랫니
⑨ 혀끝
⑩ 혓바닥
⑪ 혀뿌리
⑫ 인두
⑬ 성대
⑭ 비강

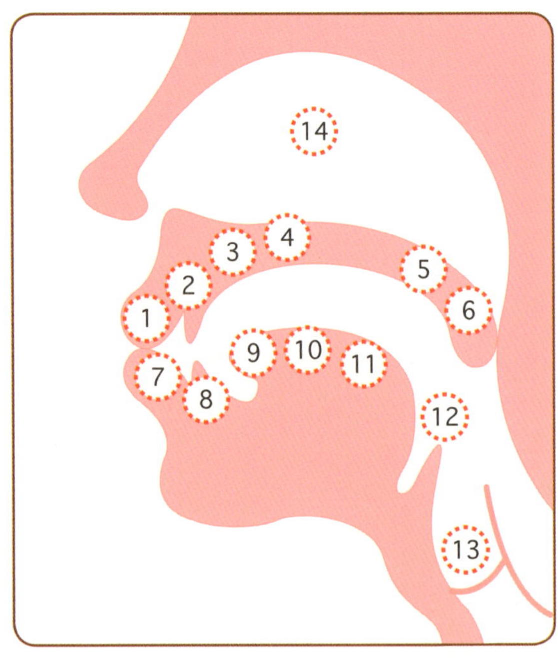

## 🌸 21개 성모의 발음 방법

| 음의 종류 | 성모 | 발음 |
|---|---|---|
| **쌍순음**<br>(두 입술을 다물었다가 떼면서 내는 소리) | b | bo [뽀어] |
| | p | po [포어] |
| | m | mo [모어] |
| **순치음**<br>(아랫입술과 윗니가 부딪혔다 떨어지면서내는 소리) | f | fo [포어] |
| **설첨음**<br>(혀끝을 윗잇몸에 붙였다 떼면서 내는 소리) | d | de [뜨어] |
| | t | te [트어] |
| | n | ne [느어] |
| | l | le [러] |
| **설근음**<br>(혀뿌리와 연구개를 마찰하여 내는 소리)) | g | ge [끄어] |
| | k | ke [크어] |
| | h | he [흐어] |
| **설면음**<br>(혓바닥을 평평하게 펴서 내는 소리) | J | ji [지] |
| | q | qi [치] |
| | X | xi [시] |
| **권설음**<br>(혀끝을 말아 입천장에 대고 내는 소리) | zh | zhi [즈-ㄹ] |
| | ch | chi [츠-ㄹ] |
| | sh | shi [스-ㄹ] |
| | r | ri [르] |
| **설치음**<br>(혀끝을 윗니와 마찰하면서 내는 소리) | z | zi [쯔] |
| | c | ci [츠] |
| | s | si [쓰] |

**b**

**bo**
뽀어

아빠 [bàba]

**p**

**po**
포어

뚱뚱하다 [pàng]

**m**

**mo**
모어

엄마 [māma]

**f**

**fo**
포어

뜨다 [fú]

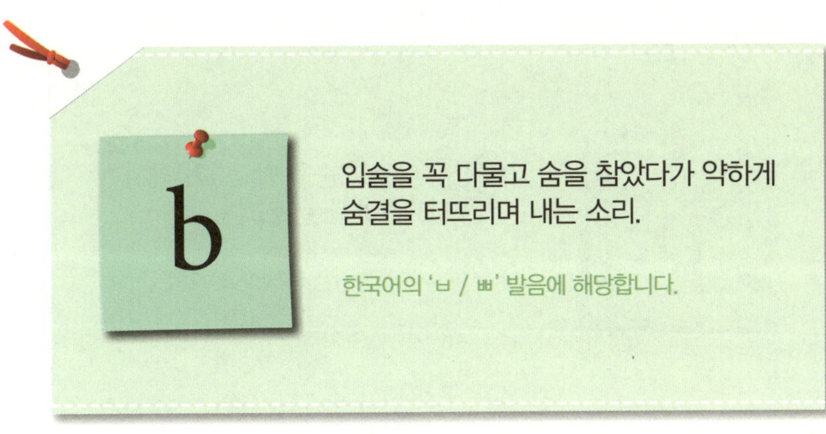

b

입술을 꼭 다물고 숨을 참았다가 약하게
숨결을 터뜨리며 내는 소리.

한국어의 'ㅂ / ㅃ' 발음에 해당합니다.


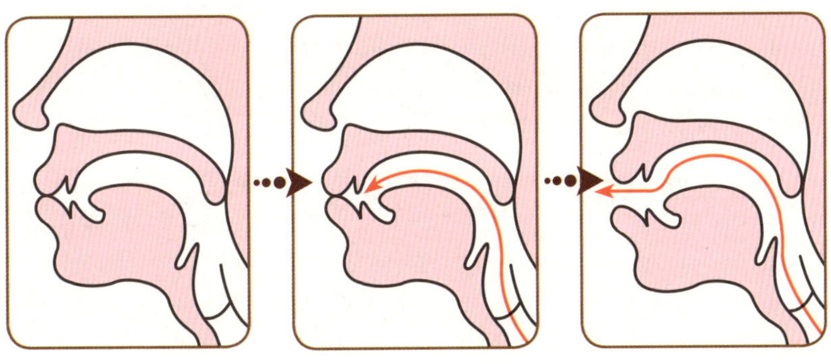

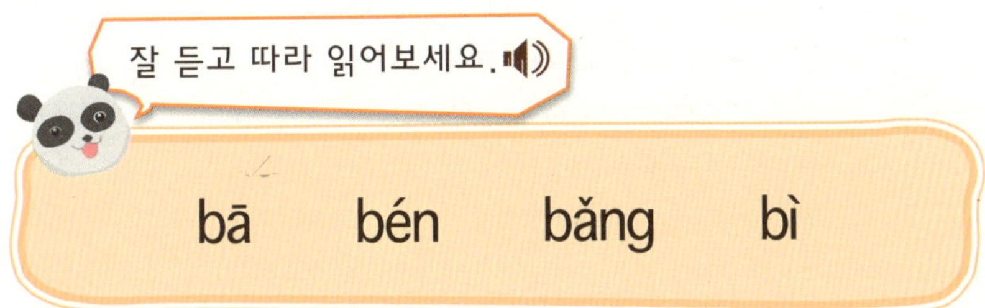

잘 듣고 따라 읽어보세요.

bā    bén    bǎng    bì

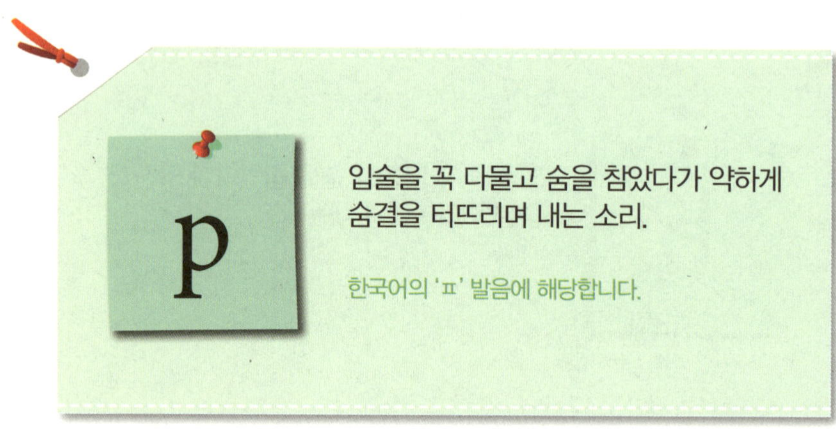

입술을 꼭 다물고 숨을 참았다가 약하게
숨결을 터뜨리며 내는 소리.

한국어의 'ㅍ' 발음에 해당합니다.

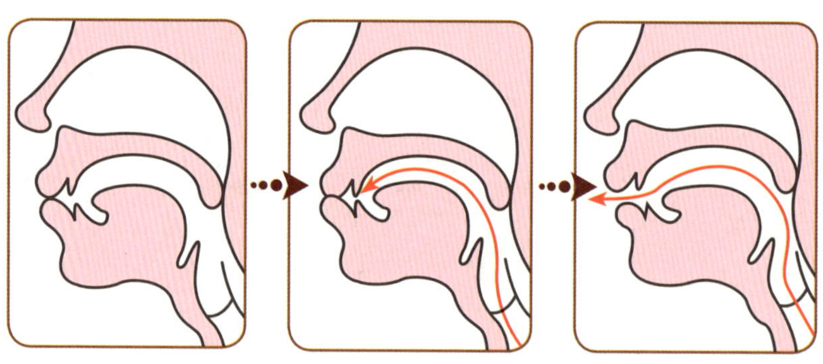

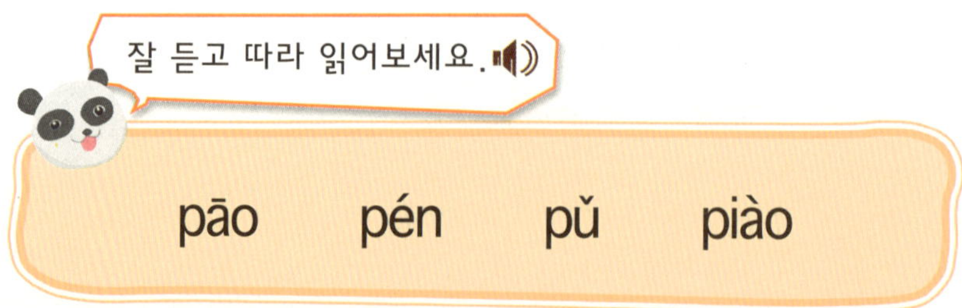

입술을 꼭 다물고 숨을 참았다가 약하게
숨결을 터뜨리며 내는 소리.

한국어의 'ㅁ' 발음에 해당합니다.

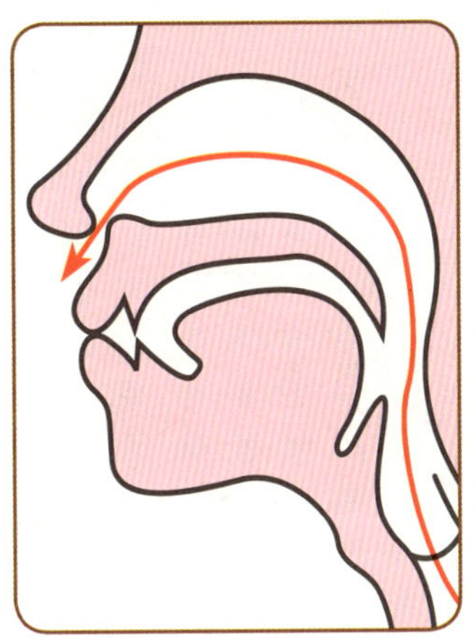



māo    mén    mǎng    mài

윗니로 아랫입술을 가볍게 갖다 대고 그 사이로 숨을 내쉬면서 마찰시켜 내는 소리.

영어의 'f' 발음에 해당합니다.

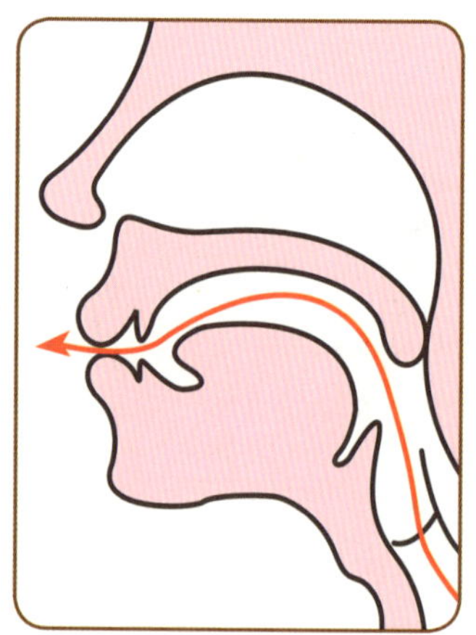

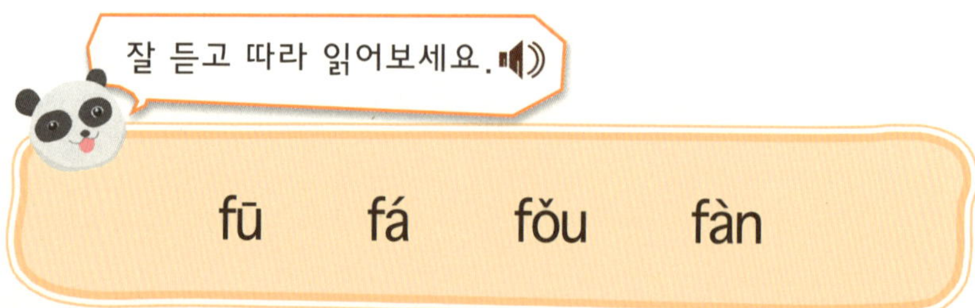

## d

**de**
뜨어

남동생 [dìdi]

## t

**te**
트어

뜨겁다 [tàng]

## n

**ne**
느어

느끼하다 [nì]

## l

**le**
러

건물 [lóu]

혀 끝을 윗잇몸에 붙이고 있다가 떼면서
내는 소리.

한국어의 'ㄷ / ㄸ' 발음에 해당합니다.

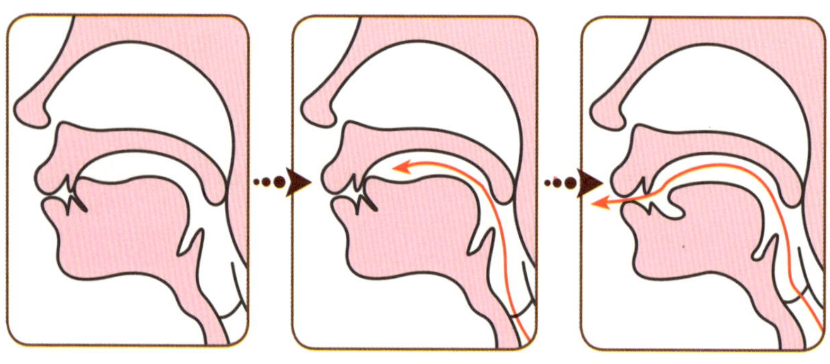

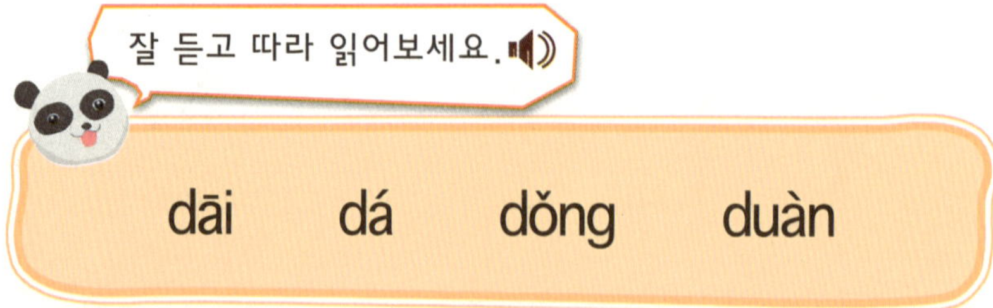

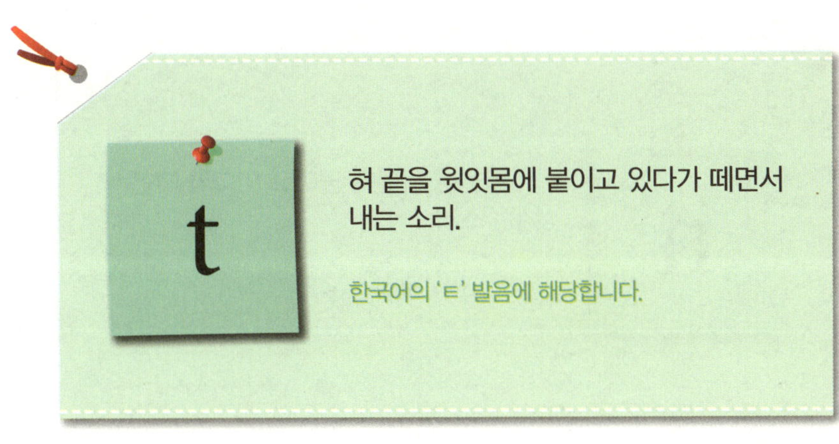

t

혀 끝을 윗잇몸에 붙이고 있다가 떼면서
내는 소리.

한국어의 'ㅌ' 발음에 해당합니다.


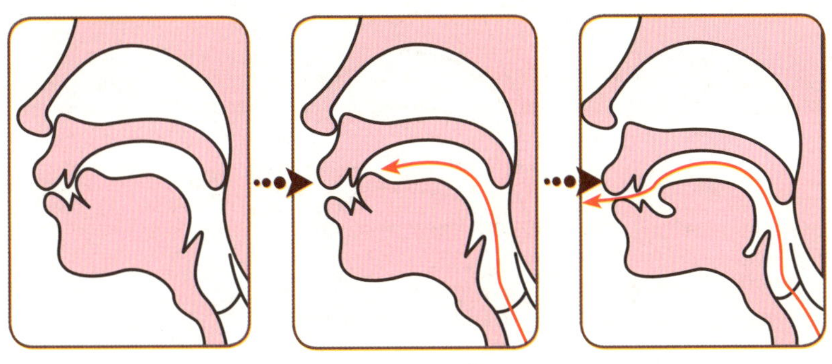

잘 듣고 따라 읽어보세요.

tāng    tóu    tǎo    tài

혀 끝을 윗잇몸에 붙이고 있다가 떼면서
내는 소리.

한국어의 'ㄴ' 발음에 해당합니다.

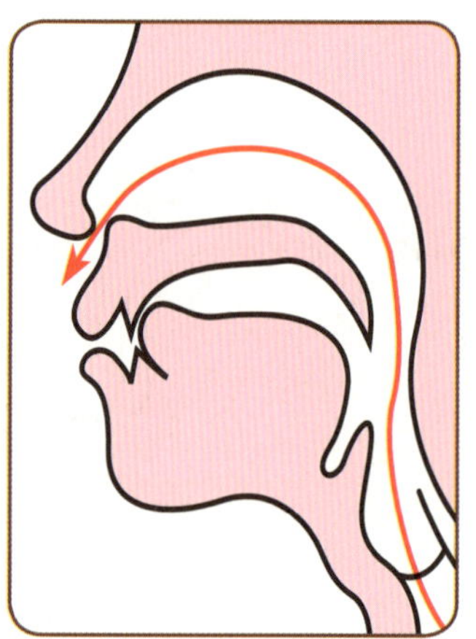

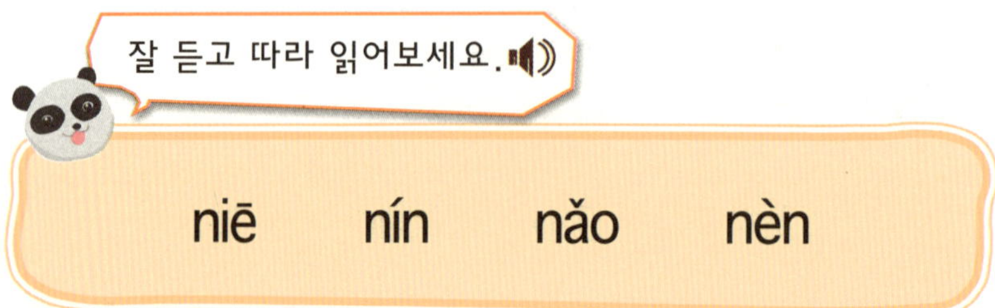

혀 끝을 윗잇몸에 붙이고 있다가 떼면서 숨결을 혀의 양 옆을 통해서 나오게 하는 소리.

한국어의 'ㄹ' 발음에 해당합니다.

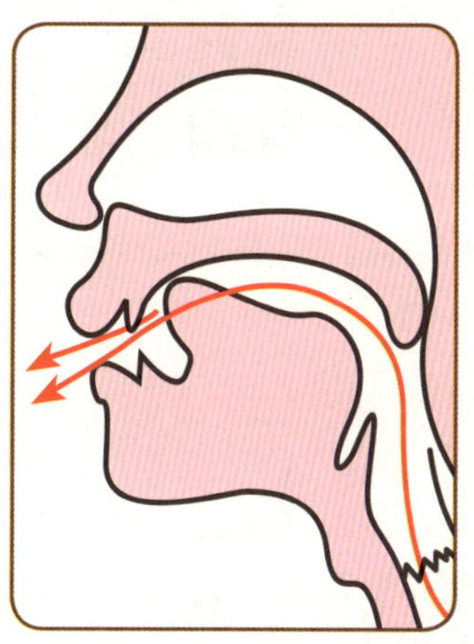

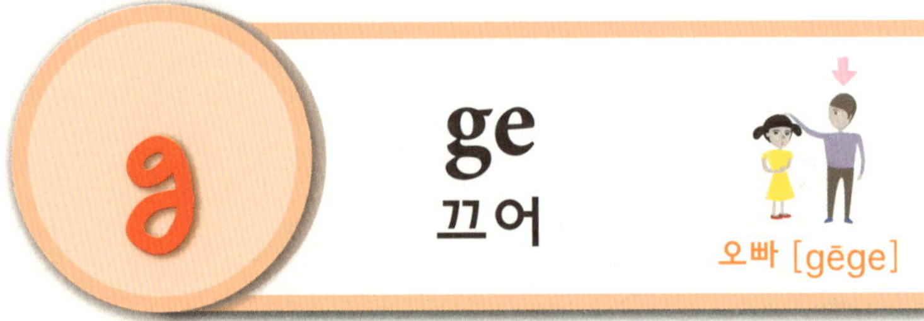

**ge**
끄어

**ke**
크어



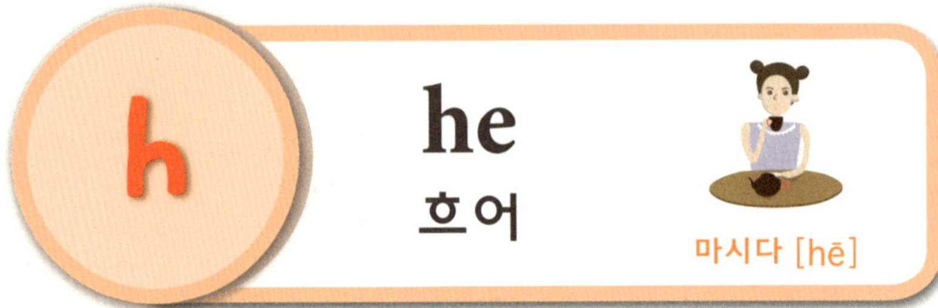

**he**
흐어

허 뿌리를 여린 입천장에 붙였다가 떼면서 내는 소리.

한국어의 'ㄱ / ㄲ' 발음에 해당합니다.

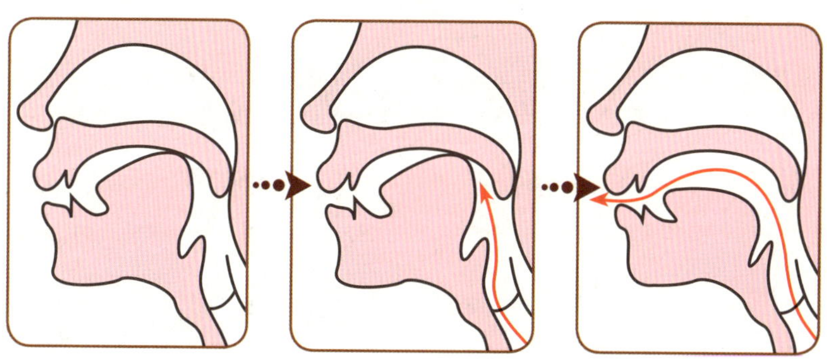

잘 듣고 따라 읽어보세요.

guī　　gé　　gěi　　gàng

허 뿌리를 여린 입천장에 붙였다가 떼면서 내는 소리.

한국어의 'ㅋ' 발음에 해당합니다.

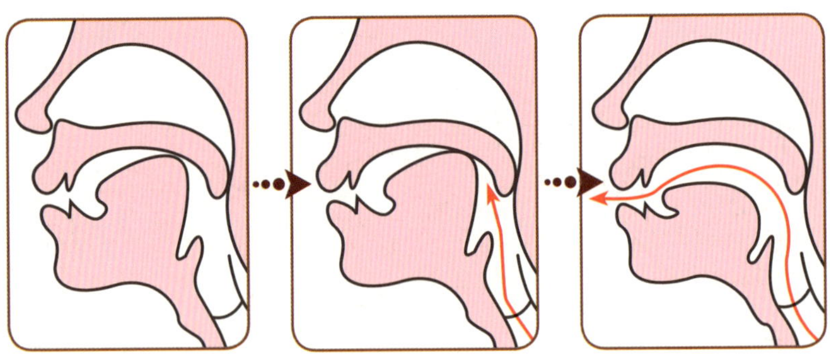

잘 듣고 따라 읽어보세요.

kuī    ké    kǔn    kuò

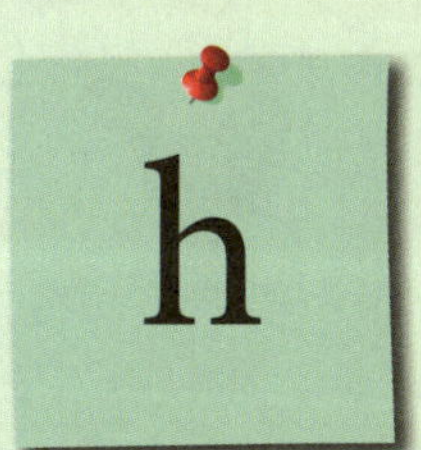

혀 뿌리를 여린 입천장에 붙였다가 떼면서 내는 소리.

한국어의 'ㅎ' 발음에 해당합니다.

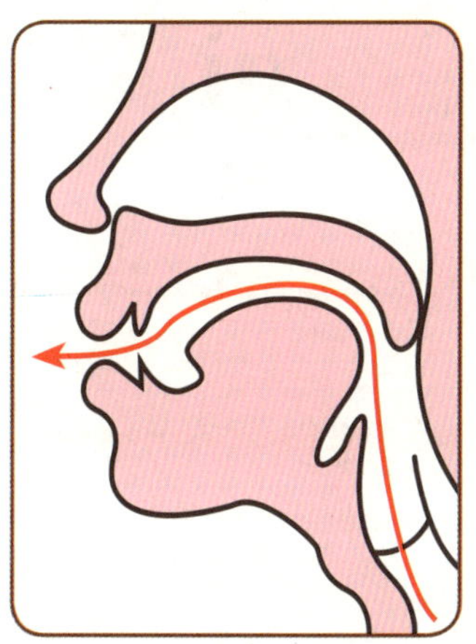



huī　　háng　　hěn　　huài

j
ji
지
닭 [jī]
q
qi
치
가다 [qù]
x
xi
시
웃다 [xiào]

혓바닥을 올려 굳은 입천장에 가볍게 붙
였다가 살짝 떼면서, 혹은 거의 붙을 듯
이 하여 숨을 내쉬며 내는 소리.

한국어의 'ㅈ / ㅉ' 발음에 해당합니다.

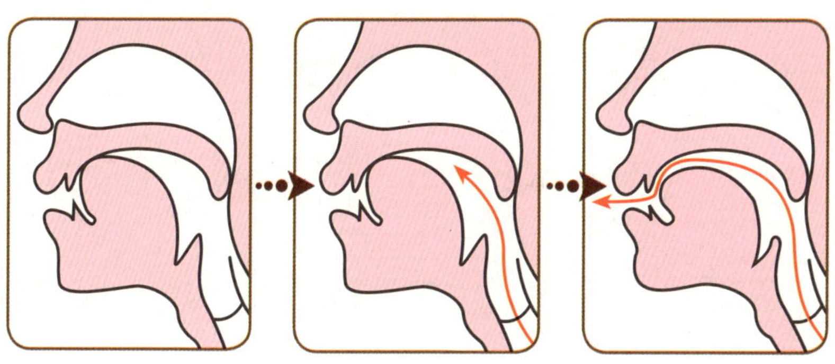



jiān　　jié　　jiǒng　　jiào

혓바닥을 올려 굳은 입천장에 가볍게 붙였다가 살짝 떼면서, 혹은 거의 붙을 듯이 하여 숨을 내쉬며 내는 소리.

한국어의 'ㅊ' 발음에 해당합니다.

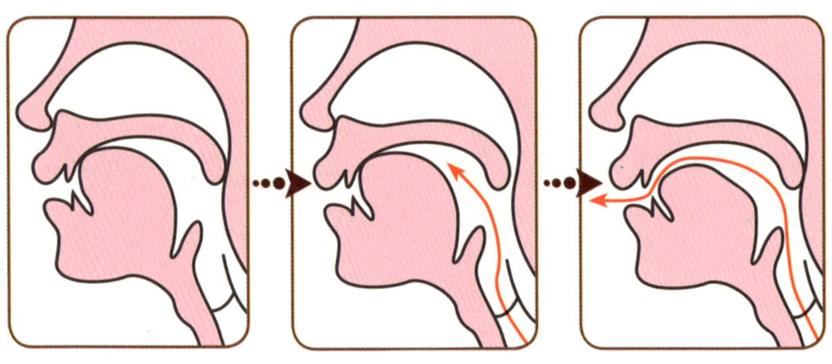



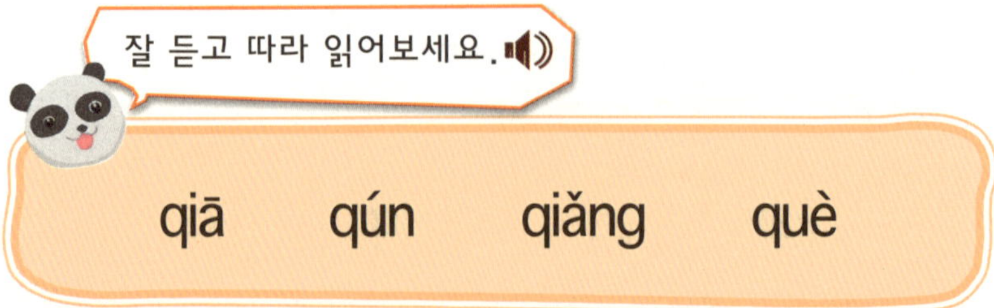

혓바닥을 올려 굳은 입천장에 가볍게 붙였다가 살짝 떼면서, 혹은 거의 붙을 듯이 하여 숨을 내쉬며 내는 소리.

한국어의 'ㅅ / ㅆ' 발음에 해당합니다.

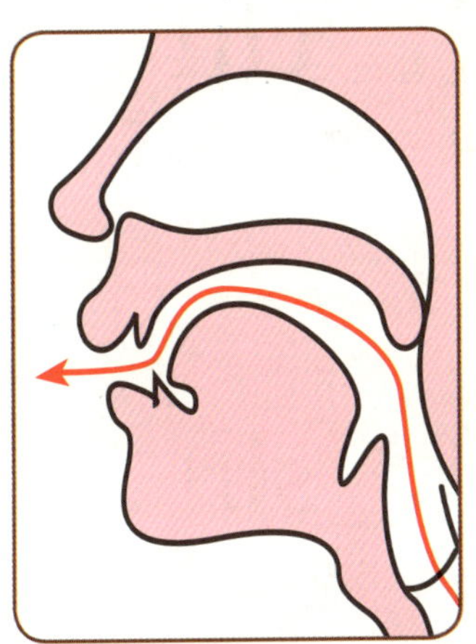

잘 듣고 따라 읽어보세요.

xīn    xián    xiǎng    xùn

## zh

**zhi**
쯔(-ㄹ)

돼지 [zhū]

## ch

**chi**
츠(-ㄹ)

먹다 [chī]

## sh

**shi**
스(-ㄹ)

손 [shǒu]

## r

**ri**
르

고기 [ròu]

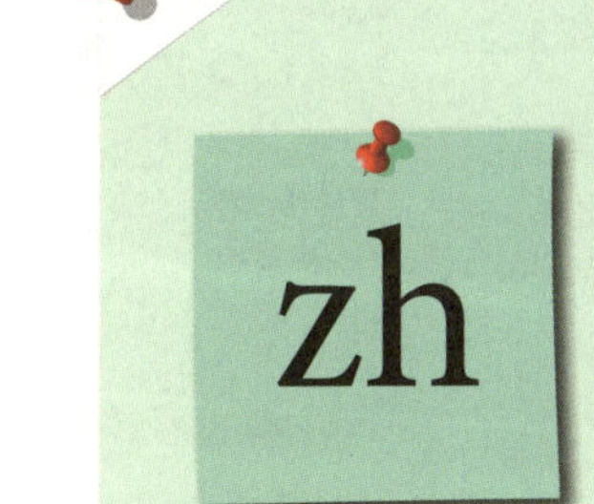


혀 끝을 위로 들어 올려 굳은 입천장에 대고 숨을 내쉬며 내는 소리.

한국어에 해당 발음이 없지만, '쯔'와 비슷하게 발음합니다.

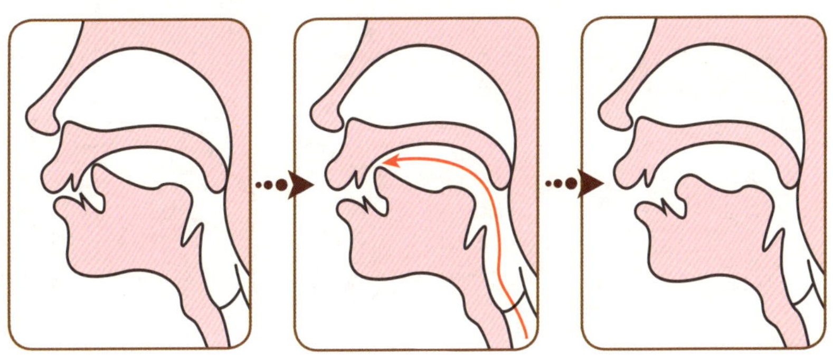

잘 듣고 따라 읽어보세요.

zhuī　　zhuó　　zhǒng　　zhào

혀 끝을 위로 들어 올려 굳은 입천장에 대고 숨을 내쉬며 내는 소리.

한국어에 해당 발음이 없지만, '츠'와 비슷하게 발음합니다.

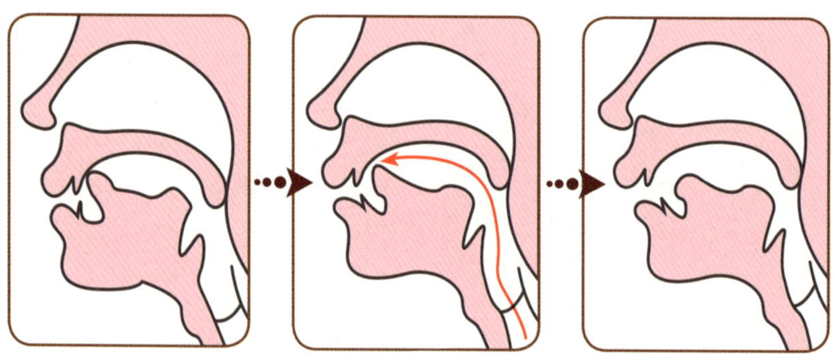

잘 듣고 따라 읽어보세요.

chāo    chén    chǒu    chèng

혀 끝을 위로 들어 올려 굳은 입천장에 대고 숨을 내쉬며 내는 소리.

한국어에 해당 발음이 없지만, '스'와 비슷하게 발음합니다.

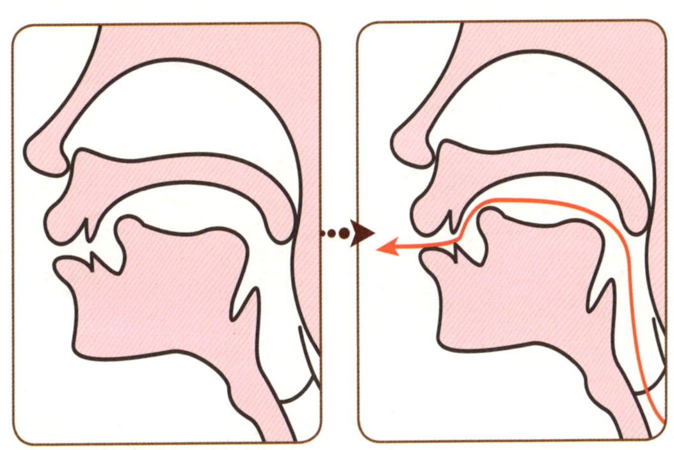



shāo    shén    shǎ    shuài

혀 끝을 위로 들어 올려 굳은 입천장에 대고 숨을 내쉬며 내는 소리.

한국어에 해당 발음이 없지만, '르'와 비슷하게 발음합니다.

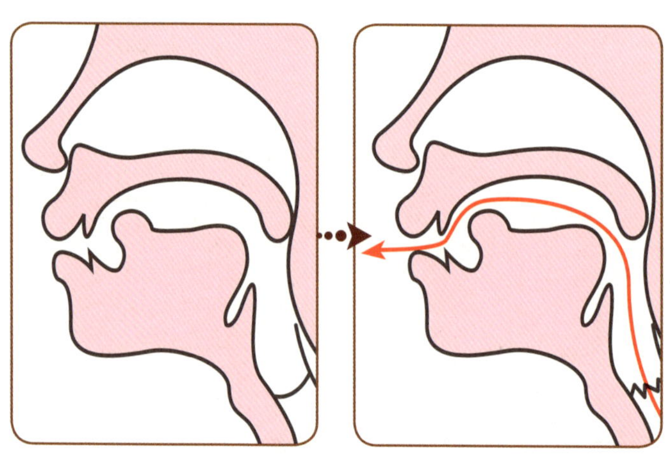

잘 듣고 따라 읽어보세요.

rāng　　ráo　　rěn　　rì

# 어떻게 발음할까요?

| | | |
|---|---|---|
| **z** | **zi**<br>쯔 | 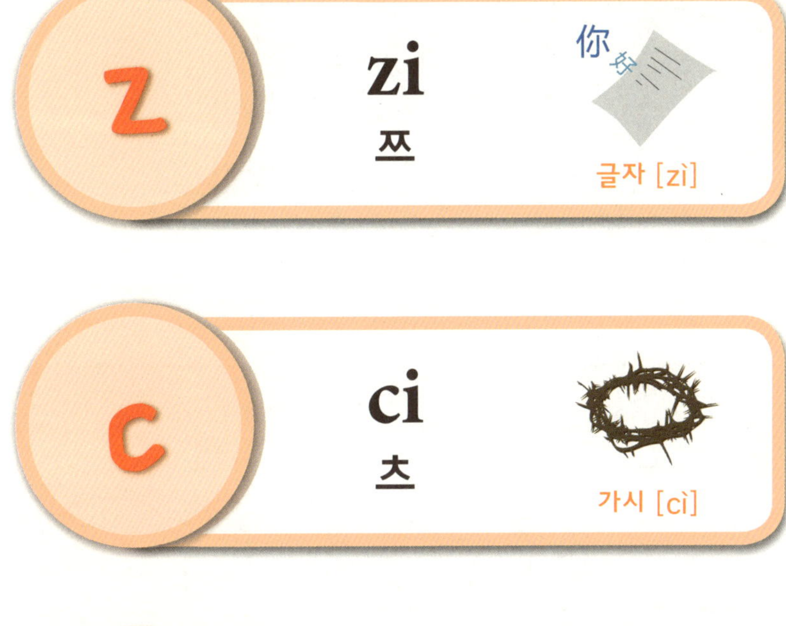 |

글자 [zì]

| | | |
|---|---|---|
| **c** | **ci**<br>츠 | |

가시 [cì]

| | | |
|---|---|---|
| **s** | **si**<br>쓰 | |

3 [sān]

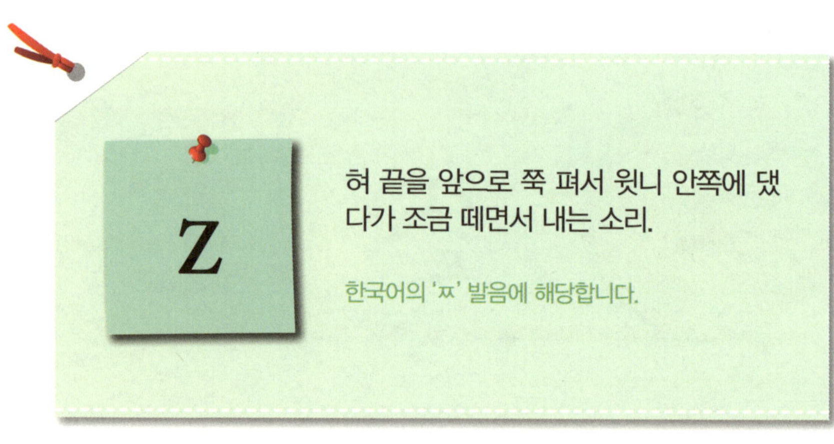


혀 끝을 앞으로 쭉 펴서 윗니 안쪽에 댔다가 조금 떼면서 내는 소리.

한국어의 'ㅉ' 발음에 해당합니다.

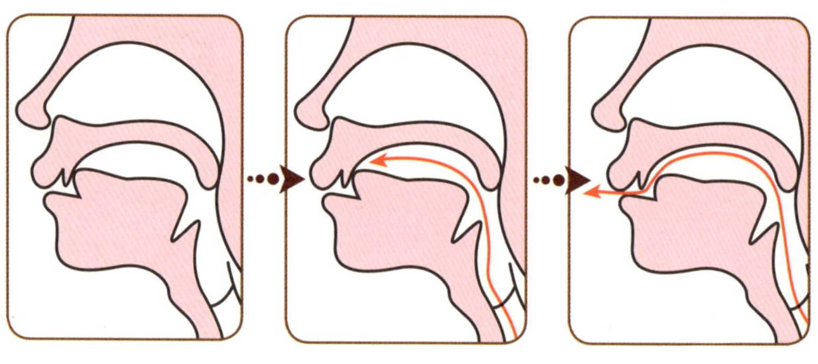

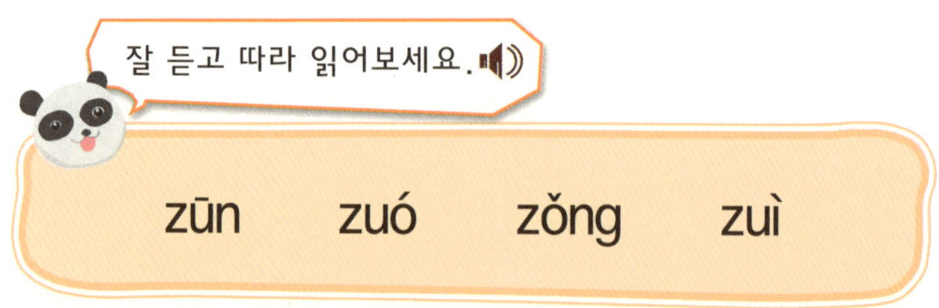

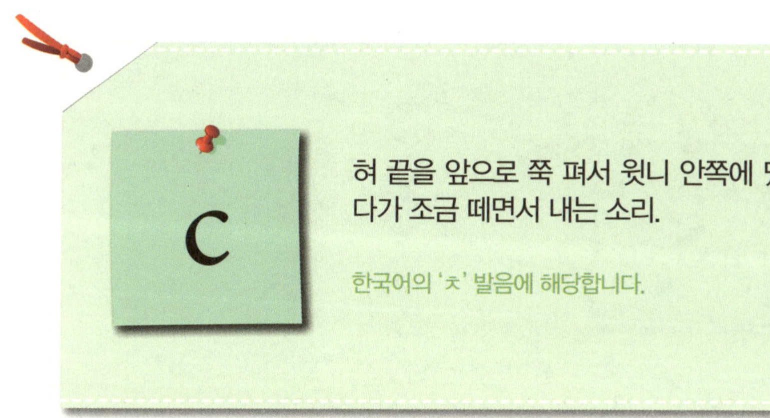

혀 끝을 앞으로 쭉 펴서 윗니 안쪽에 댔다가 조금 떼면서 내는 소리.

한국어의 'ㅊ' 발음에 해당합니다.

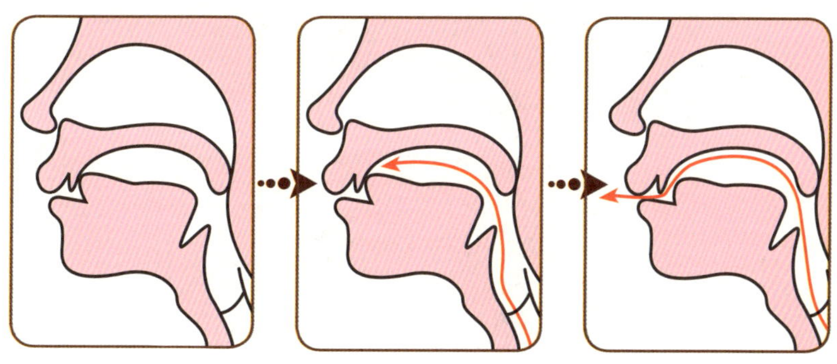

잘 듣고 따라 읽어보세요.

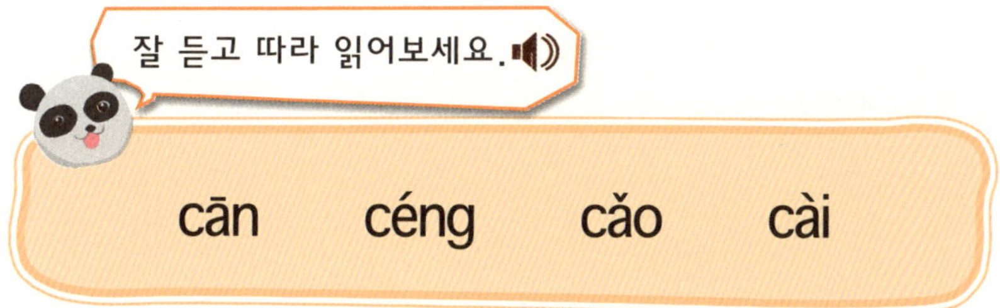

S
혀 끝을 앞으로 쭉 펴서 윗니 안쪽에 댔다가 조금 떼면서 내는 소리.

한국어의 'ㅆ' 발음에 해당합니다.


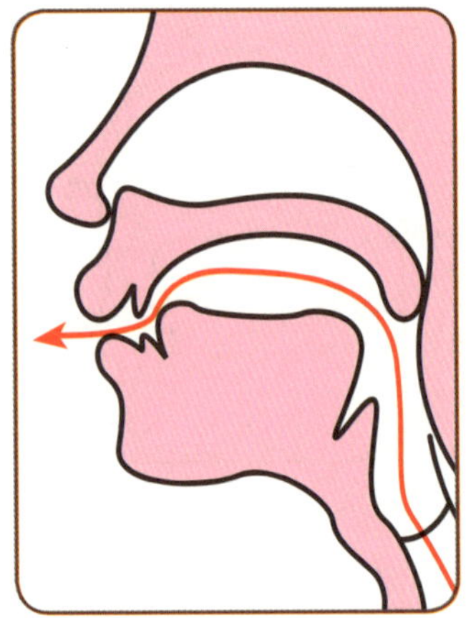

잘 듣고 따라 읽어보세요.

sēng    suí    sǒng    sài

**1.** 녹음을 듣고 빈 칸에 해당되는 성모를 표기해보세요.

1) ＿＿ ǔ          6) ＿＿ ǔ ＿＿ ì

2) ＿＿ āo          7) ＿＿ én ＿＿ èi

3) ＿＿ uò          8) ＿＿ ā ＿＿ àng

4) ＿＿ ēn          9) ＿＿ ài ＿＿ iàn

5) ＿＿ uān          10) ＿＿ āo ＿＿ ǎng

**2.** 성모의 발음에 유의하여 녹음을 듣고 일치하면 O, 일치하지 않으면 X표 하세요.

1) gǎo (　　)          4) pēn (　　)

2) chē (　　)          5) bù (　　)

3) qiáo (　　)          6) hēi (　　)

1. (1) n (2) d (3) z (4) g (5) x
(6) n, l (7) r, l (8) f, p (9) z, j (10) c, ch
2. (1) O (2) O (3) X (4) O (5) X (6) O

# bo po mo fo Song

# 4. 운모는요

## ❀ 운모(韻母 yūnmǔ)란?

운모는 '모음(중성)' 혹은 '모음+자음(중성+종성)'으로 이루어집니다. 즉, 초성에 해당하는 '성모' 부분을 뺀 나머지 부분이 모두 '운모'입니다. 한글의 '모음' 개념과 다른 점은, 한글의 모음은 자음이 없으면 단독으로 쓸 수 없지만, 중국어의 운모는 성모가 없어도 단독으로 음절을 이룰 수 있다는 것입니다.

(1) 단운모 : a, o, e, i, u, ü, ê

      ※ 'ê'를 실제 한어병음으로 표기할 때는 'e'로 씁니다.

(2) 복운모 : ai, ao, ou, ei, ia, ie, ua, uo, üe, iao, iou, uai, uei

(3) 비운모 : an, en, in, ün, ian, uan, uen, üan, ang, ong, eng, iong, ing, iang, uang, ueng

(4) 권설운모 : er

**a**
아

카드 [kǎ]

**o**
오어

깨지다 [pò]

**e**
으어

이것 [zhè]

**i**
이

붓 [bǐ]

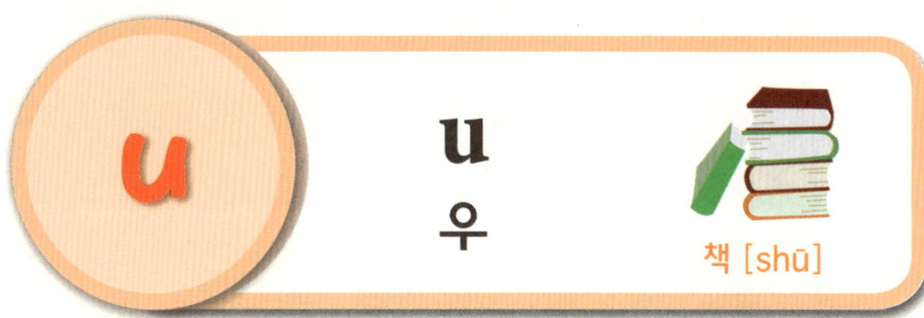

u

u
우

책 [shū]

ü

ü
위

여자 [nǚ]


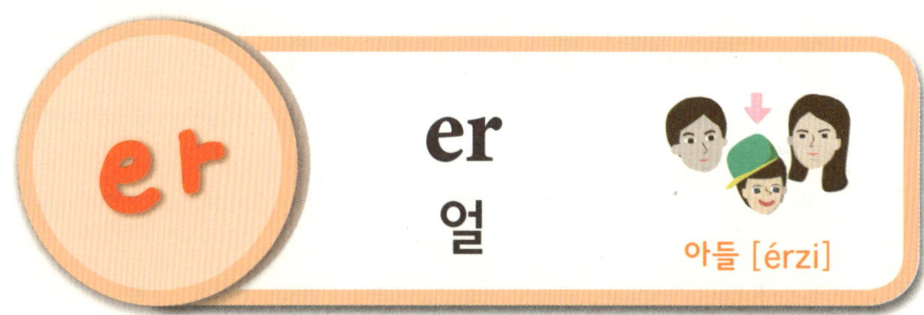

er

er
얼

아들 [érzi]

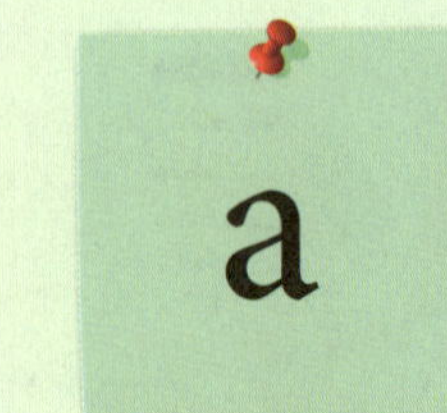


입을 크게 벌리고, 혀를 가장 낮게 위치
시켜 [아] 하고 내는 소리.

[애]라고 발음하는 경우는
-ian / -üan일 경우입니다.
ex) dian / jian / quan / yuan / xuan

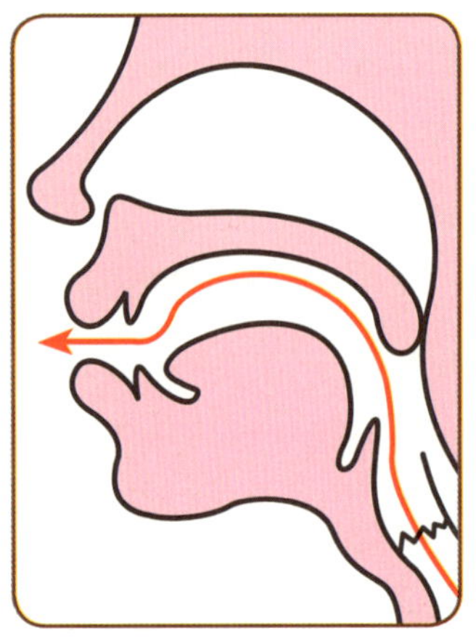

잘 듣고 따라 읽어보세요.

dā    má    bǎ    gà

입을 약간 벌리고, 혀는 뒤로 당겨 올리며 입술을 둥글게 하여 [오]로 시작해서 자연스럽게 [어]로 마무리하여 내는 소리.

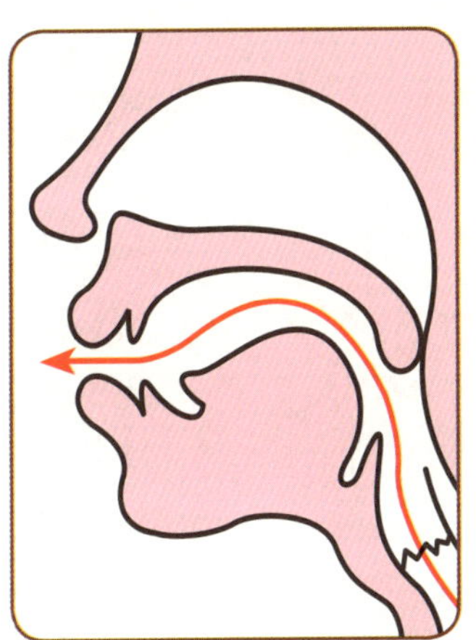



bō    pó    wǒ    pò

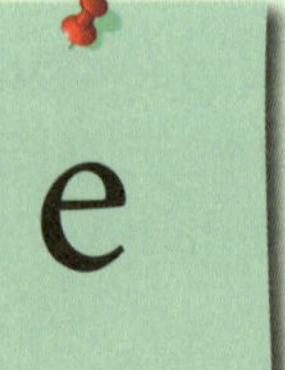


입을 약간 벌리고, 혀는 뒤로 당겨 올리며 [으]로 시작해서 자연스럽게 [어]로 마무리하여 내는 소리.

[에]라고 발음하는 경우는
-ie / -ei / -üe일 경우입니다.
ex) jie / die / gei / que / yue

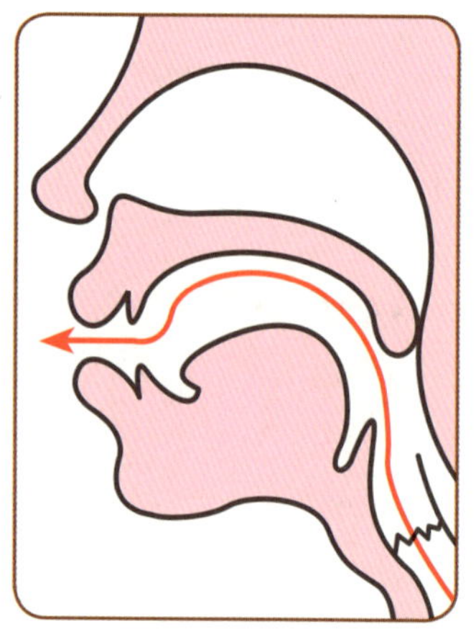



gē    dé    hě    zhè

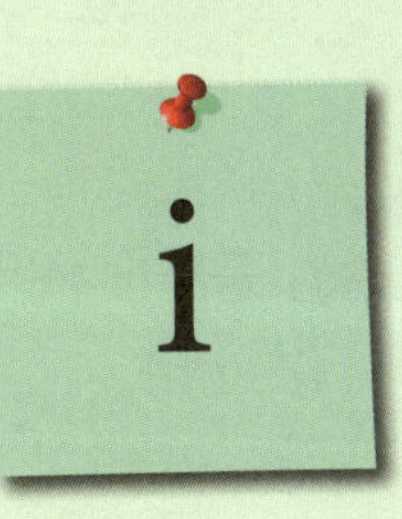

입을 닫고, 혀 끝을 잇몸 가까이 뻗은 후, 입 꼬리를 옆으로 잡아당기듯이 [이] 하고 내는 소리.

[으]라고 발음하는 경우는 zh, ch, sh, r (권설음), z, c, s (설치음) + i일 경우입니다.
ex) zhi / chi / shi / ri / zi / ci / si

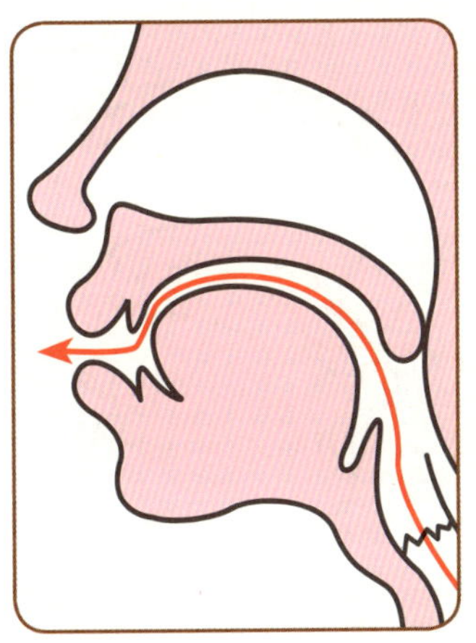

입을 다물고, 혀의 뒷부분을 올려 연구개에 가깝게 하고, 입술을 둥글게 하여 쭉 내밀 듯이 [우] 하고 내는 소리.

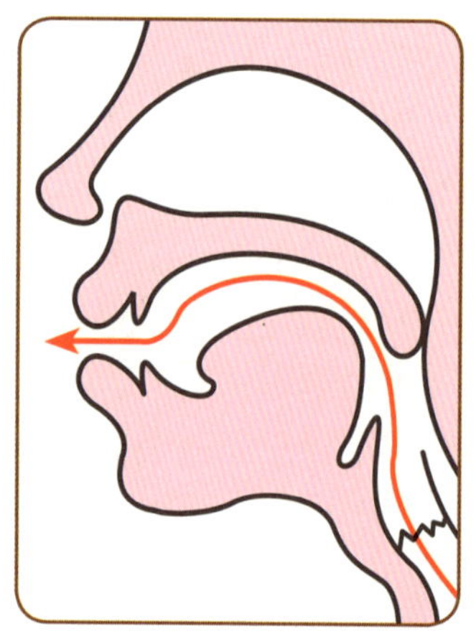

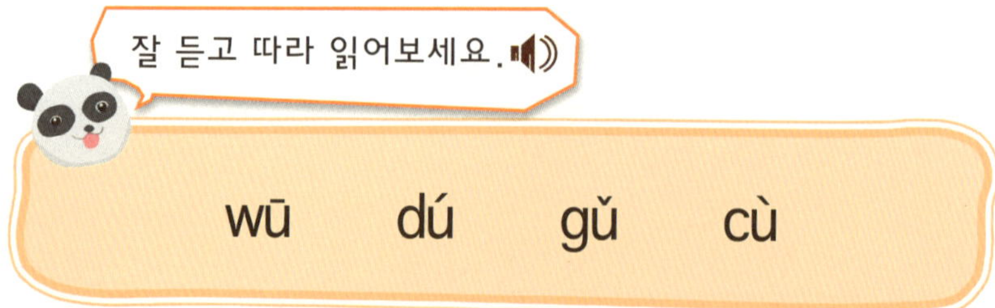


wū　dú　gǔ　cù

[우]의 입모양과 동일하게 하고, 휘파람을 불 때처럼 입 모양을 처음부터 끝까지 오므린 상태로 유지하여 [위] 하고 내는 소리.

ü는 j, q, x, y의 에서는 위의 두 점을 떼어버리고 u로 씁니다. (단, 발음은 그대로 ü 발음)

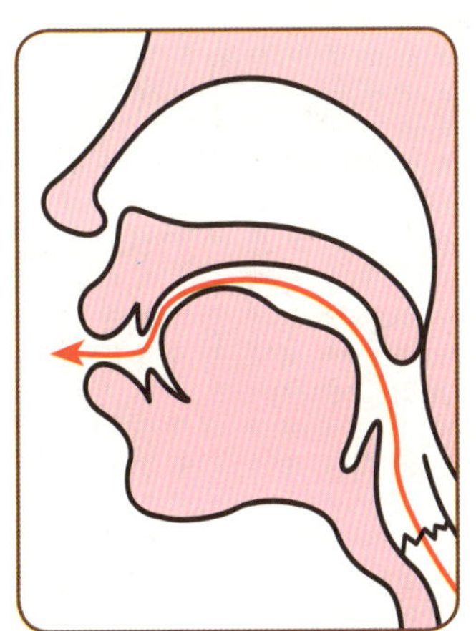

혀의 가운데 부분을 중간의 높이로 올리
며, 동시에 혀 끝을 경구개 쪽으로 말아
세우고, 입술을 약간 벌리면서 [얼] 하고
내는 소리.

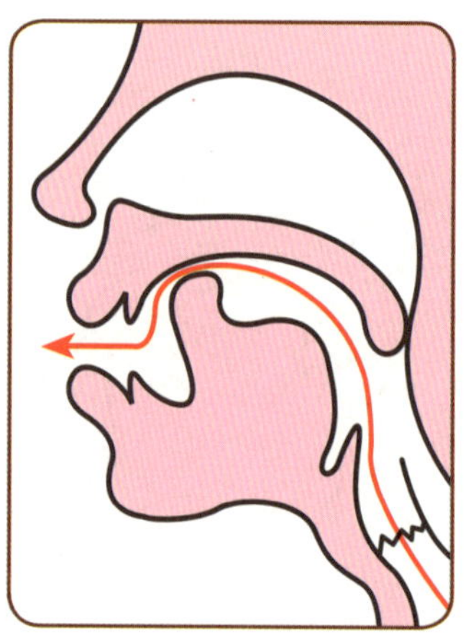



ēr    ér    ěr    èr

**ai**
아이

사랑하다 [ài]

**ei**
에이

여동생 [mèimei]

**ao**
아오

뛰다 [pǎo]

**ou**
오우

걷다 [zǒu]

**an**
안

반 [bàn]

**en**
언

문 [mén]

**ang**
앙

바쁘다 [máng]

**eng**
엉

바람 [fēng]

**ong**
옹

용 [lóng]

**ia**
이아

집 [jiā]

**ie**
이에

언니 [jiějie]

**iao**
이아오

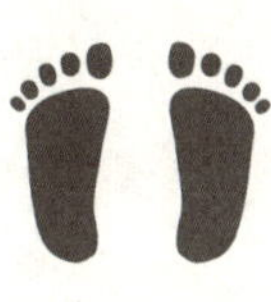
발 [jiǎo]

**iu**
이(오)우

9 [jiǔ]

# ian
이앤

하늘 [tiān]

# in
인

금 [jīn]

# iang
이앙(양)

생각하다 [xiǎng]

# ing
잉

얼다 [bìng]

# iong
이옹(용)

곰 [xióng]

## ua
우아

꽃 [huā]

## uo
우오

앉다 [zuò]

## uai
우아이

빠르다 [kuài]

## ui
우(에)이

다리 [tuǐ]

**uan**
우안

마늘 [suàn]

**un**
우언(운)

봄 [chūn]

**uang**
우앙

노랗다 [huáng]

**ueng**
우엉(웡)

노인 [wēng]

## üe
위에

눈 [xuě]

## üan
위앤

둥글다 [yuán]

## ün
윈

구름 [yún]

# 한어병음의 철자규칙

## ❀ i로 시작하는 음절 쓰기 규칙

i를 y로 바꾸어 표기합니다.
> `ex` ia ⇒ ya
> iao ⇒ yao
> ie ⇒ ye
> iong ⇒ yong

단, 음절 중 i 모음만 있으면 yi로 표기합니다.
> `ex` i ⇒yi
> in ⇒ yin
> ing ⇒ ying


## ❀ u로 시작하는 음절 쓰기 규칙

u를 w로 바꾸어 표기합니다.
> `ex` ua ⇒ wa
> uo ⇒ wo
> uan ⇒ wan
> uang ⇒ wang

단, 음절 중 u 모음만 있으면 wu로 표기합니다.
> `ex` u ⇒ wu


## ❀ ü로 시작하는 음절 쓰기 규칙

ü를 yu로 바꾸어 표기합니다.
> `ex` üe ⇒ yue
> üan ⇒ yuan
> ün ⇒ yun

## ❀ uei, uen, iou의 쓰기 규칙

uei, uen, iou의 앞에 성모가 있는 경우에는 가운데 글자를 생략하고 ui, un, iu로
쓰는 것이 원칙이며, 글자는 생략되지만, 실제로 발음을 할 때는 빠르고 약하게
세글자 모두 발음합니다.

> ex d+uei = dui
> h+uen = hun
> x+iou = xiu

## ❀ 격음부호

격음부호(')는 'a', 'o', 'e'로 시작 되는 음절이 기타 음절이 뒤에 연이어 나오는 경
우에 두 음절 간의 경계를 분명히 하기 위해 사용하는 부호입니다.

> ex 西安 [Xiān ⇒ Xī'ān] 서안
> 天安门 [Tiānānmén ⇒ Tiān'ānmén] 천안문

## ❀ 대문자 사용

사람 이름, 지명과 같은 고유명사를 한어병음자모로 표기할 때 그 음절의 첫 글
자는 대문자를 사용하여 표기하는 것이 원칙입니다.
또한, 문장 맨 앞에 오는 음절의 첫 글자는 품사에 상관없이 항상 대문자로 씁니
다.

## ❀ 얼화운(儿化韵 érhuàyūn)

음절의 끝에 '儿(er)'을 붙여 발음하는 운모를 얼화운(儿化韵)이라고 합니다. 다
른 음절의 끝에 붙일 때는 'er'에서 e를 생략하고 r만 붙여씁니다.

(1) a, o, e, u로 끝나는 운모는 원래의 운모 뒤에 er을 붙여 발음합니다.

ᵉˣ 花儿 huā + (e)r ⇒ huār
　　歌儿 gē + (e)r ⇒ gēr

⑵ ai, ei, ui, an, en, un으로 끝나는 운모는 i, n 발음을 생략하고 바로 er을 붙여
발음합니다.

　ᵉˣ 小孩儿 xiǎohái + (e)r ⇒ xiǎohái r
　　好玩儿 hǎowán + (e)r ⇒ hǎowánr

⑶ in, ün으로 끝나는 운모는 n 발음을 생략하고 바로 er을 붙여 발음합니다.

　ᵉˣ 信儿 xìn + (e)r ⇒ xìnr
　　裙儿 qún + (e)r ⇒ qúnr

⑷ ing, ong로 끝나는 운모는 ng 발음을 생략하고 바로 er을 붙여 발음합니다.

　ᵉˣ 电影儿 diànyǐng + (e)r ⇒ diànyǐngr
　　空儿 kòng + (e)r ⇒ kòngr

⑸ 단운모 i, ü로 끝나는 경우에는 원래의 운모 뒤에 er을 붙여 발음합니다.

　ᵉˣ 玩意儿 wányì + (e)r ⇒ wányìr
　　金鱼儿 jīnyú + (e)r ⇒ jīnyúr

⑹ z, c, s(설치음) / zh, ch, sh(권설음) 뒤에 운모 i가 붙으면 i 발음을 생략하고 바
로 er을 붙여 발음합니다.

　ᵉˣ 果汁儿 guǒzhī + (e)r ⇒ guǒzhīr
　　歌词儿 gēcí + (e)r ⇒ gēcír

**1.** 녹음을 듣고 빈 칸에 해당되는 운모를 표기해보세요.

1) g (　　　　)  　　6) p (　　　　)

2) d (　　　　)  　　7) l (　　　　)

3) j (　　　　)  　　8) z (　　　　)

4) k (　　　　)  　　9) x (　　　　)

5) q (　　　　)  　　10) n (　　　　)


**2.** 성모가 없이 모음으로 시작되는 음절을 표기법에 맞게 표기하세요.

1) ia →  　　　　7) iou →

2) iao →  　　　8) u →

3) ie →  　　　　9) ua →

4) iong →  　　　10) uan →

5) i →  　　　　11) uen →

6) in →  　　　　12) uo →

**3.** 다음 질문에 알맞은 답을 고르세요.

1) 다음 중 u의 발음이 다른 하나는?

① jun    ② gun    ③ yu    ④ xue    ⑤ quan

2) 다음 중 a의 발음이 다른 하나는?

① jiang    ② lai    ③ jian    ④ ban    ⑤ kuan

3) 다음 중 e의 발음이 다른 하나는?

① die    ② zhe    ③ gei    ④ jie    ⑤ yue

4) 다음 중 i의 발음이 다른 하나는?

① shi    ② ji    ③ lin    ④ di    ⑤ ming

1. (1) ai (2) ou (3) in (4) ao (5) iu
(6) iao (7) ü (8) uo (9) uan (10) ing

2. (1) ya (2) yao (3) ye (4) yong (5) yi (6) yin
(7) you (8) wu (9) wa (10) wan (11) wen (12) wo

3. (1) ② (2) ③ (3) ③ (4) ①

# 가장 많이 쓰이는 음절 연습하기

| b | bu | | | | | |
|---|------|------|-------|------|------|------|
| p | | | | | | |
| m | ma | mei | men | | | |
| f | feng | | | | | |
| d | da | dao | dan | de | di | dian |
| t | ta | tian | tong | | | |
| n | ni | | | | | |
| l | li | lai | le | | | |
| g | ge | gen | guo | gong | | |
| k | ke | | | | | |
| h | hua | he | hen | | | |
| j | ji | jia | jian | jie | jin | jiu |
| q | qing | quan | | | | |
| x | xiao | xian | xiang | xing | | |
| zh | zhe | zhi | zhu | zhuo | zhong | |
| ch | chan | | | | | |
| sh | shang | sheng | shi | shuo | | |
| r | ren | | | | | |
| z | zai | zi | zuo | | | |
| c | cai | | | | | |
| s | si | | | | | |
| y | yao | you | ye | yi | yu | |
| w | wo | wei | wu | | | |

| 성모 \ 윤모 | | a | o | e | è | i | er | ai | ei | ao | ou | an | en | ang | eng | -ong | -i | -ia | -iao |
|---|---|---|---|---|---|---|---|---|---|---|---|---|---|---|---|---|---|---|---|
| 쌍순음 | b | ba | bo | | | | | bai | bei | bao | | ban | ben | bang | beng | | bi | | biao |
| | p | pa | po | | | | | pai | pei | pao | pou | pan | pen | pang | peng | | pi | | piao |
| | m | ma | mo | me | | | | mai | mei | mao | mou | man | men | mang | meng | | mi | | miao |
| 순차음 | f | fa | fo | | | | | | fei | | fou | fan | fen | fang | feng | | | | |
| 설첨중음 (설첨음) | d | da | | de | | | | dai | dei | dao | dou | dan | den | dang | feng | dong | di | | diao |
| | t | ta | | te | | | | tai | | tao | tou | tan | | tang | teng | tong | ti | | tiao |
| | n | na | | ne | | | | nai | nei | nao | nou | nan | nen | nang | neng | nong | ni | | niao |
| | l | la | | le | | | | lai | lei | lao | lou | lan | | lang | leng | long | li | lia | liao |
| 설근음 | g | ga | | ge | | | | gai | gei | gao | gou | gan | gen | gang | geng | gong | | | |
| | k | ka | | ke | | | | kai | kei | kao | kou | kan | ken | kang | keng | kong | | | |
| | h | ha | | he | | | | hai | hei | hao | hou | han | hen | hang | heng | hong | | | |
| 설면음 | j | | | | | | | | | | | | | | | | ji | jia | jiao |
| | q | | | | | | | | | | | | | | | | qi | qia | qiao |
| | x | | | | | | | | | | | | | | | | xi | xia | xiao |
| 설첨후음 (권설음) | zh | zha | | zhe | | zhi | | zhai | zhei | zhao | zhou | zhan | zhen | zhang | zheng | zhong | | | |
| | ch | cha | | che | | chi | | chai | | chao | chou | chan | chen | chang | cheng | chong | | | |
| | sh | sha | | she | | shi | | shai | shei | shao | shou | shan | shen | shang | sheng | | | | |
| | r | | | re | | ri | | | | rao | rou | ran | ren | rang | reng | rong | | | |
| 설첨전음 (설치음) | z | za | | ze | | zi | | zai | zei | zao | zou | zan | zen | zang | zeng | zong | | | |
| | c | ca | | ce | | ci | | cai | | cao | cou | can | cen | cang | ceng | cong | | | |
| | s | sa | | se | | si | | | | sao | sou | san | sen | sang | seng | song | | | |
| | y | ya | | | ye | | | sai | | yao | you | yan | | yang | | yong | yi | | |
| | w | wa | wo | | | | | wai | wei | | | wan | wen | wang | weng | | | | |

| -ie | -iu | -ian | -in | -iang | -ing | -iong | -u | -ua | -uo | -uai | -ui | uan | -un | -uang | -ü | -üe | -üan | -ün |
|---|---|---|---|---|---|---|---|---|---|---|---|---|---|---|---|---|---|---|
| bie | | bian | bin | | bing | | bu | | | | | | | | | | | |
| pie | | pian | pin | | ping | | pu | | | | | | | | | | | |
| mie | miu | mian | min | | ming | | mu | | | | | | | | | | | |
| | | | | | | | fu | | | | | | | | | | | |
| die | diu | dian | | | ding | | du | | duo | | dui | duan | dun | | | | | |
| tie | | tian | | | ting | | tu | | tuo | | tui | tuan | tun | | | | | |
| nie | niu | nian | nin | niang | ning | | nu | | nuo | | | nuan | | | nü | nüe | | |
| lie | liu | lian | lin | liang | ling | | lu | | luo | | | luan | lun | | lü | lüe | | |
| | | | | | | | gu | gua | guo | guai | gui | guan | gun | guang | | | | |
| | | | | | | | ku | kua | kuo | kuai | kui | kuan | kun | kuang | | | | |
| | | | | | | | hu | hua | huo | huai | hui | huan | hun | huang | | | | |
| jie | jiu | jian | jin | jiang | jing | jiong | | | | | | | | | ju | jue | juan | jun |
| qie | qiu | qian | qin | qiang | qing | qiong | | | | | | | | | qu | que | quan | qun |
| xie | xiu | xian | xin | xiang | xing | xiong | | | | | | | | | xu | xue | xuan | xun |
| | | | | | | | zhu | zhua | zhuo | zhuai | zhui | zhuan | zhun | zhuang | | | | |
| | | | | | | | chu | chua | chuo | chuai | chui | chuan | chun | chuang | | | | |
| | | | | | | | shu | shua | shuo | shuai | shui | shuan | shun | shuang | | | | |
| | | | | | | | ru | rua | ruo | | rui | ruan | run | | | | | |
| | | | | | | | zu | | zuo | | zui | zaun | zun | | | | | |
| | | | | | | | cu | | cuo | | cui | cuan | cun | | | | | |
| | | | | | | | su | | suo | | sui | suan | sun | | | | | |
| | | yin | | ying | | | | | | | | | | | yu | yue | yuan | yun |
| | | | | | | | wu | | | | | | | | | | | |

# 자기소개

# Chapter 1

인사


- 만나고 헤어질 때 인사하기
- 상대방의 안부 묻기
- 처음 만났을 때 인사하기
- 주위 사람의 안부 묻기

# 만나고 헤어질 때 인사하기

A : **你好！**
Nǐ hǎo!

B : **老师, 您好！**
Lǎoshī, nín hǎo!

A : **再见！**
Zài jiàn!

B : **再见！**
Zài jiàn!

你 [nǐ] 대 너, 당신
好 [hǎo] 형 좋다, 안녕하다
你好 [nǐ hǎo] 안녕하세요
老师 [lǎoshī] 명 선생님
您 [nín] 대 당신 ('你'의 존칭)
再 [zài] 부 다시
见 [jiàn] 동 만나다
再见 [zài jiàn] 또 만나요 (헤어질 때 인사)

**POINT**

◗ **你好**
'**你好**'는 가장 기본적으로 쓰는 인사말입니다. 시간이나 장소, 신분 등에 상관없이 쓰이며, '**你好**'로 인사하면 똑같이 '**你好**'로 대답할 수 있습니다.

◗ **您**
'**您**'은 '**你**'의 존칭으로, 주로 어른이나 지위가 높은 사람에게 씁니다.

◗ **再见**
헤어질 때 쓰는 인사말로, 직역하면 '다시 만나자'의 뜻입니다.

# 상대방의 안부 묻기

A : 你好吗？
Nǐ hǎo ma?

B : 我很好, 你呢？
Wǒ hěn hǎo, nǐ ne?

A : 我也很好。
Wǒ yě hěn hǎo.

吗 [ma] 조 (의문을 나타내는 어기 조사)

我 [wǒ] 대 나

很 [hěn] 부 아주, 매우

呢 [ne] 조 ~는요 (의문을 나타내는 어기 조사; 축약의문)

也 [yě] 부 ~또한, ~도

## POINT

**◑ 你好吗**

'**你好吗**'는 '잘 지내세요?', '별 일 없으세요?' 라는 안부를 묻는 표현입니다. 처음 만난 사람에게는 쓰지 않는다는 것에 주의하세요.

**◑ 吗**

우리말의 '~까?'에 해당하는 말로, 평서문의 끝에 붙여 의문문을 만들어주는 조사입니다.

**◑ 很**

'매우', '정말'의 뜻으로, 정도의 심함을 나타내는 부사이지만 중국인들은 보통 한 글자 짜리 형용사 앞에 '**很**'을 습관처럼 붙여씁니다. 이 때문에 원래의 의미는 크게 부각되지 않으므로, 정말 강조하고 싶을 때는 같은 뜻을 가진 다른 부사를 쓰는 것이 좋습니다.

**◑ 呢**

앞에서 말한 화제를 이어받아 질문할 때 쓰이는 어기 조사입니다. 이 때, 앞서 말한 질문은 생략하고 쓴다는 것에 주의하세요.

# 처음 만났을 때 인사하기

A : 认识你很高兴。
Rènshi nǐ hěn gāoxìng.

B : 认识你我也很高兴。
Rènshi nǐ wǒ yě hěn gāoxìng.

认识 [rènshi] 통 알다

高兴 [gāoxìng] 형 기쁘다

 **POINT**

❶ 认识你我也很高兴

'만나서 반갑습니다'라는 표현으로, 직역하면 '당신을 알게 되어 기쁩니다'라는 뜻입니다. '**认识**'는 '알다'라는 뜻으로, 보통 '길', '사람', '글자' 등을 알 때 씁니다.

- 我认识他。 저는 그를 압니다.
  Wǒ rènshi tā.
- 我认识这个字。 저는 이 글자를 압니다.
  Wǒ rènshi zhège zì.

# 주위 사람의 안부 묻기

A : **你爸爸、妈妈身体好吗？**
Nǐ bàba, māma shēntǐ hǎo ma?

B : **他们都很好。谢谢！**
Tāmen dōu hěn hǎo. Xièxie!

爸爸 [bàba] 명 아빠
妈妈 [māma] 명 엄마
身体 [shēntǐ] 명 신체, 건강
他 [tā] 대 그
们 [men] 접미 ～들
他们 [tāmen] 대 그들
都 [dōu] 부 모두
谢谢 [xièxie] 감사합니다

## POINT

○ **‘、’**
중국어에서는 글을 쓸 때 ‘、’ 부호를 씁니다. 단어들을 병렬할 때는 흔히 우리가 쓰는 ‘쉼표(,)’가 아닌 ‘**逗号**dòuhào(、)’를 써야 합니다.

○ **都**
‘총괄’을 나타내는 범위 부사로, ‘모두’, ‘다’의 뜻을 가지고 있습니다. ‘매우’ 등의 뜻을 가진 정도 부사와 함께 나오면 범위 부사를 앞에 써줍니다.

| 他们 | 都 | 很 | 好。 | 그들 모두 매우 좋습니다. |
|------|-----|-----|-----|------|
|      | ↓   | ↓   |     |      |
|      | 범위부사 | 정도부사 |     |      |

○ **谢谢**
‘감사합니다’라는 표현이며, ‘**谢谢**’라고 말하면 보통 ‘**不客气**búkèqi’ 또는 ‘**不用谢** búyòngxiè’로 대답합니다.

# 따끈따끈 단어 익히기



|  | 단수 | 복수 |
|---|---|---|
| **1인칭** | 我 (나)<br>Wǒ | **我们** (우리)<br>Wǒmen<br>**咱们** (우리)<br>Zánmen<br><br>※ **咱们**은 반드시 청자를 포함 |
| **2인칭** | 你 (너)<br>Nǐ<br>您 (당신)<br>Nín | **你们** (당신들)<br>Nǐmen<br><br>※ **您们**이라는 말은 쓰지 않음 |
| **3인칭** | 他 (그)<br>Tā<br>她 (그녀)<br>Tā<br>它 (그것)<br>Tā | **他们** (그들)<br>Tāmen<br>**她们** (그녀들)<br>Tāmen<br>**它们** (그것들)<br>Tāmen |

# 또박또박 발음하기

잘 듣고 빈 칸을 채우세요. ◀))

## 성모

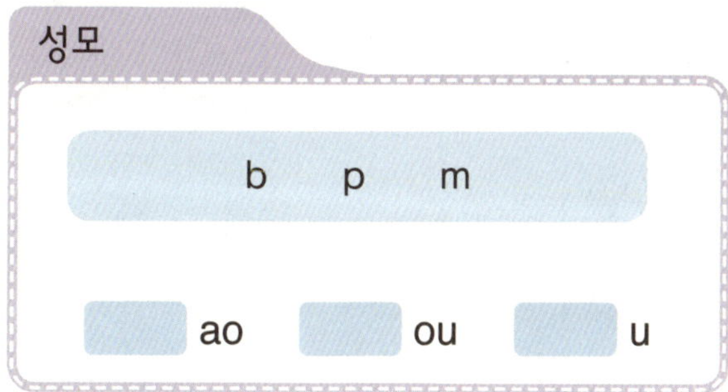


## 운모

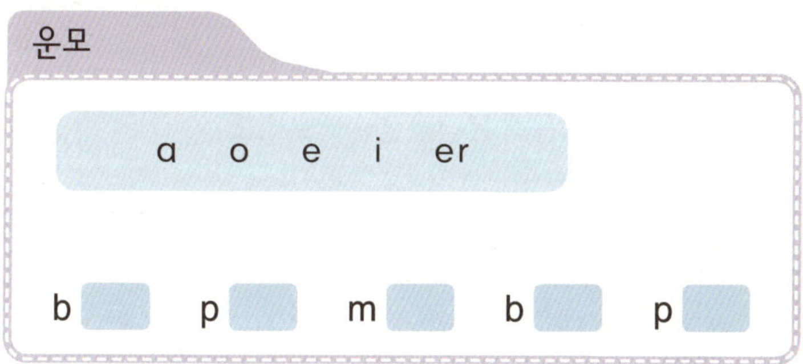


## 성조연습

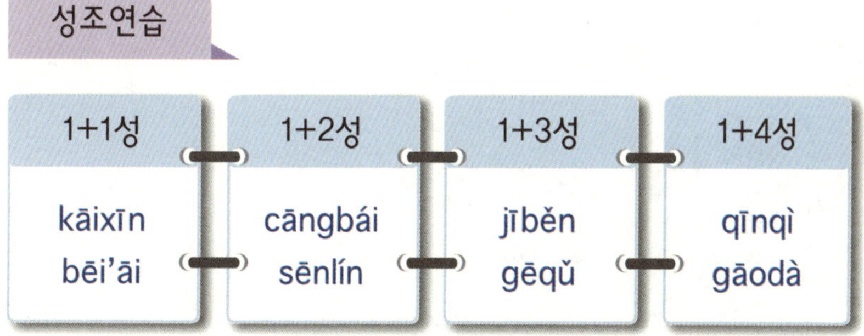

# 샬라샬라 말하기

**1.** 인칭대명사를 넣어 문장을 연습해 보세요.

A : ＿＿＿＿＿＿ 好！

B : ＿＿＿＿＿＿ 好！

你
您
你们

**2.** 주어진 형용사를 활용해 문장을 연습해보세요.

A : 你 ＿＿＿＿＿＿ 吗？

B : 我很 ＿＿＿＿＿＿ 。

好
忙
累

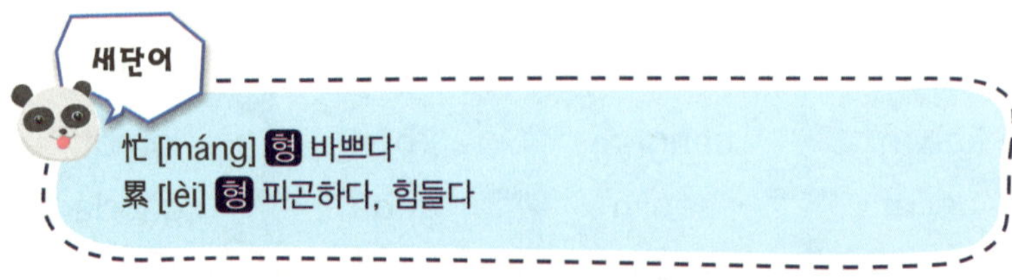

我
wǒ

我我我我我我我

你
nǐ

你你你你你你你

们
men

们们们们们

很
hěn

很很很很很很很很很

好
hǎo

好好好好好好

吗
ma

吗吗吗吗吗吗

**1.** 단어의 성조가 바른 것에 O, 틀린 것에 X하세요.

1) 你好　　nǐ hǎo　　　　　　（　　　）
2) 我们　　wǒmen　　　　　　（　　　）
3) 很　　　hén　　　　　　　（　　　）
4) 高兴　　gāoxīng　　　　　（　　　）

**2.** 빈 칸에 들어갈 알맞은 말을 보기에서 골라 쓰세요.

| 认识 | 身体 | 都 | 好 |
| --- | --- | --- | --- |

1) 您 __________ !　　　　　안녕하세요!
2) __________ 你很高兴。　　만나서 반갑습니다.
3) 他们 __________ 很好。　　그들은 모두 안녕하십니다.

**3.** 그림을 보고 대화를 완성하세요.

A : __________ ?
B : 我很好。__________ ?
A : 我也很好。

# 룰루랄라 노래하기

직접 들으면서
따라 불러 보세요~

MEMO

# Chapter 2

이름

- 자기 이름 소개하기
- 이름 말하기
- 상대방의 존함 여쭈어보기

# 자기 이름 소개하기

A : 自我介绍一下,
Zìwǒ jièshào yíxià,

我叫李小龙。
wǒ jiào Lǐ Xiǎolóng.

自我 [zìwǒ] 명 자아, 자기 자신
介绍 [jièshào] 동 소개하다
一下 [yíxià] 양 좀 ~해보다,
한 번 해보다
叫 [jiào] 동 ~라고 부르다
李小龙 [Lǐ Xiǎolóng] 인명 리 씨
아오룽(이소룡)

**POINT**

◑ 自我介绍一下
  '自我介绍一下'는 '제 소개를 하겠습니다'라는 뜻이며, 여기에서 '自我'라는 것은 자기 자신을 가리키는 말입니다. '一下'는 동사 뒤에 쓰여서 '좀 ~해보다'라는 뜻으로 쓰입니다.

◑ 叫
  '叫'는 '~라고 부르다' 또는 '~라고 불리다'의 뜻으로, '我叫~'라고하면 '제 이름은~입니다' 라는 말입니다.

# 이름 말하기

A : **你叫什么名字？**
　　Nǐ jiào shénme míngzi?

B : **我叫李小龙，这是我的名片。**
　　Wǒ jiào Lǐ Xiǎolóng, zhè shì wǒ de míngpiàn.

什么 [shénme] 때 무엇
名字 [míngzi] 명 이름
这 [zhè] 때 이것
是 [shì] 동 ~이다
的 [de] 조 ~의
名片 [míngpiàn] 명 명함

**POINT**

◑ **你叫什么名字**
일반적으로 처음 만나서 상대방의 이름을 물어볼 때 사용합니다. 주로 연령이 비슷한 사이나 편안한 자리에서 처음 만나 서로 이름을 물어볼 때 사용합니다.

◑ **是**
판단을 나타내는 동사로 '~이다'라는 뜻입니다.

- **我是学生。** 저는 학생입니다.
  Wǒ shì xuésheng.

- **我是韩国人。** 저는 한국인입니다.
  Wǒ shì Hánguórén.

◑ **这**
어떤 사물이나 사람을 가리키는 말로, '이, 이것'이라는 뜻의 지시대명사 입니다.

# 상대방의 존함 여쭈어보기

A : **请问，您贵姓？**
Qǐngwèn, nín guì xìng?

B : **我姓金，叫金美花。**
Wǒ xìng Jīn, jiào Jīn Měihuā.

**请问** [qǐngwèn] 말씀 좀 여쭙겠습니다
**贵姓** [guìxìng] 명 통 성, 성이~이다
**金美化** [Jīn Měihuā] 인명 김미화

## POINT

**◐ 请问**
'请'은 '요청하다'의 뜻이며, 상대방에게 정중하게 부탁할 때 쓰이는 표현으로 회화에서 자주 쓰입니다. '问'은 '묻다'라는 뜻으로, '请问'은 '실례하지만 말씀 좀 묻겠습니다'라고 해석할 수 있습니다.

**◐ 您贵姓**
일반적으로 상대방이 자신보다 나이가 많을 경우에 '您贵姓'으로 물어 볼 수있습니다. 이는 성을 묻는 말이지만 실제 대답할 때는 '我姓金，叫金美花'와 같이 성과 이름을 같이 말하는 것이 좋습니다.

'贵'는 상대를 높이는 존칭이기 때문에 나 자신에 대해 이야기 할 때는 반드시 '您贵姓~'이 아닌 '我姓~'라고 해야 합니다. 만약 자신의 성에 '贵'을 쓰면 본인 스스로를 높이는 격이 되기 때문에 주의해야 합니다.

# 따끈따끈 단어 익히기



| 这 | 那 |
|---|---|
| 这个 (이것)<br>zhège | 那个 (저것)<br>nàge |
| 这儿(这里) (여기)<br>zhèr(zhèli) | 那儿(那里) (저기)<br>nàr(nàli) |
| 这边 (이쪽)<br>zhèbiān | 那边 (저쪽)<br>nàbiān |

잘 듣고 빈 칸을 채우세요.

### 성모

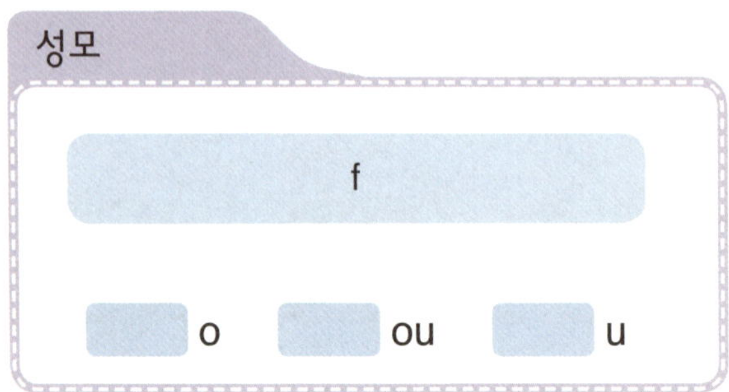


### 운모

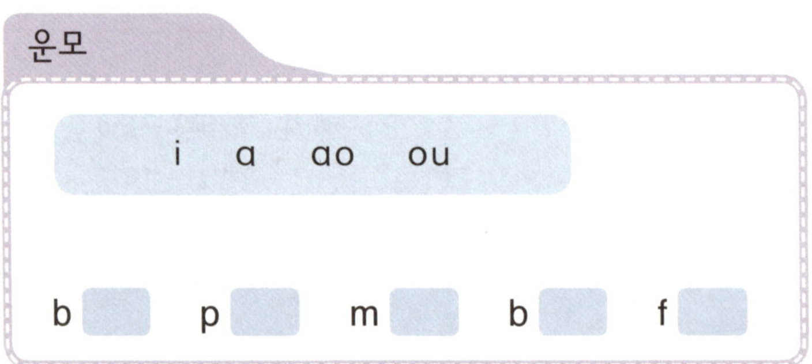


### 성조연습

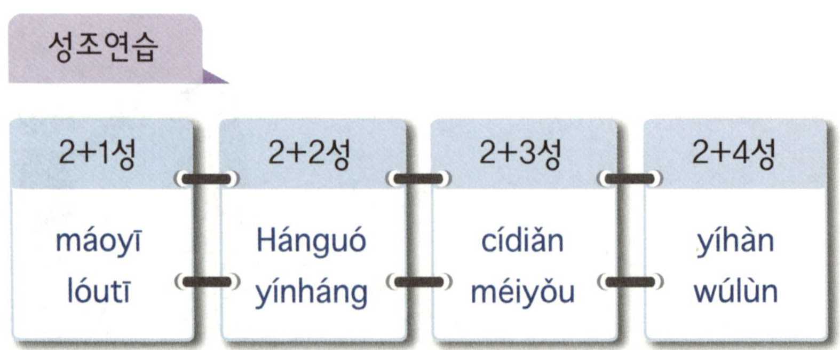

# 샬라샬라 말하기

**1.** 지시대명사를 넣어 문장을 연습해보세요.

A : __________ 是什么?

B : __________ 是苹果。

这
那

**2.** 이름과 성을 넣어 문장을 연습해보세요.

1) A : 你叫什么名字？

B : 我叫 __________ 。

成龙
刘德华
章子怡

2) A : 您贵姓？

B : 我姓 __________ 。

成
刘
张

**새단어**

苹果 [píngguǒ] 명 사과　　成龙 [Chéng Lóng] 인명 청롱(성룡)
刘德华 [Liú Déhuá] 인명 리우더화(유덕화)　　张 [zhāng] 성씨 장
章子怡 [Zhāng Zǐyí] 인명 짱쯔이(장자이)

| 介<br>jiè | 介 介 介 介 | | | | |
|---|---|---|---|---|---|

| 绍<br>shào | 绍 绍 绍 绍 绍 绍 绍 绍 | | | | |
|---|---|---|---|---|---|

| 叫<br>jiào | 叫 叫 叫 叫 叫 | | | | |
|---|---|---|---|---|---|

| 名<br>míng | 名 名 名 名 名 名 | | | | |
|---|---|---|---|---|---|

| 字<br>zì | 字 字 字 字 字 字 | | | | |
|---|---|---|---|---|---|

| 是<br>shì | 是 是 是 是 是 是 是 是 是 | | | | |
|---|---|---|---|---|---|

# 무럭무럭 실력 키우기

**1.** 단어의 성조가 바른 것에 O, 틀린 것에 X하세요.

1) 名字　　mīngzí　　　　　　（　　　）
2) 什么　　shénme　　　　　　（　　　）
3) 姓　　　xīng　　　　　　　（　　　）
4) 名片　　míngpiàn　　　　　（　　　）

**2.** 빈 칸에 들어갈 알맞은 말을 보기에서 골라 쓰세요.

| 什么 | 你 | 贵 | 问 | 我 | 名字 |
|---|---|---|---|---|---|

1) 你叫什么 ________？　　당신의 이름은 무엇입니까?
2) 请 ________, 您贵姓?　　실례하지만, 성함이 어떻게 되십니까?
3) 这是 ________ 的名片。이것은 저의 명함입니다.

**3.** 그림을 보고 대화를 완성하세요.

A : 你好! 你叫什么名字?
B : 我叫 ____________, 你呢?
A : 我叫 ____________ 。

직접 들으면서
따라 불러 보세요~

# Chapter 3

국적 / 신분

- 국적 말하기
- 신분 말하기

# 국적 말하기

A : 你是哪国人?
Nǐ shì nǎ guó rén?

B : 我是韩国人。
Wǒ shì Hánguórén.

哪 [nǎ] 대 어느
国 [guó] 명 국가, 나라
人 [rén] 명 사람
韩国 [Hánguó] 고유 한국

## POINT

◑ 哪
'어느, 어떤, 어디'라는 뜻으로 여러 사람, 시간, 장소, 사물 가운데서 하나를 물어 볼 때 쓰입니다.

◑ 我是韩国人
한국어는 주어–목적어–술어 순서이지만, 중국어는 주어–술어–목적어의 순서입니다.

我 是 韩国人。
주어 술어  목적어

# 신분 말하기

A : **你是不是公务员?**
Nǐ shì bu shì gōngwùyuán?

B : **我不是公务员, 我是学生。**
Wǒ bú shì gōngwùyuán, wǒ shì xuésheng.

不 [bù] 부 ~가 아니다
是不是 [shì bu shì] ~입니까
公务员 [gōngwùyuán] 명 공무원
学生 [xuésheng] 명 학생

**POINT**

**◑ 是不是**
긍정형 '**是**'와 부정형 '**不是**'를 함께 사용하면 정반(正反)의문문이 됩니다.
해석할 때는 '~입니까?, 그러합니까?'로 긍정의문형으로 해석하면 됩니다. 또한
정반의문문 안에서의 '**不**'는 원래의 성조 4성이 아닌, 경성으로 발음됩니다. 가볍
고 빠르게 'shì bu shì'라고 붙여 읽어주세요.

> 주어 + **是不是** + 목적어

※ 정반의문문 '**是不是**'를 사용할 경우, 이미 의문문이 되기 때문에, 문장 끝에서 의문형을 만드는
'**吗**'를 붙일 수 없습니다.

**◑ 不是**
'**不**'는 동사, 형용사 또는 기타 부사 앞에서 부정을 나타내는 부사입니다.
예를 들어, '**是**'를 부정하려면 앞에 '**不**'를 붙여 '**不是**'라고 하면 됩니다.

> • **我不是韩国人。** 저는 한국인이 아닙니다.
>   Wǒ bú shì Hánguórén.

# 따끈따끈 단어 익히기



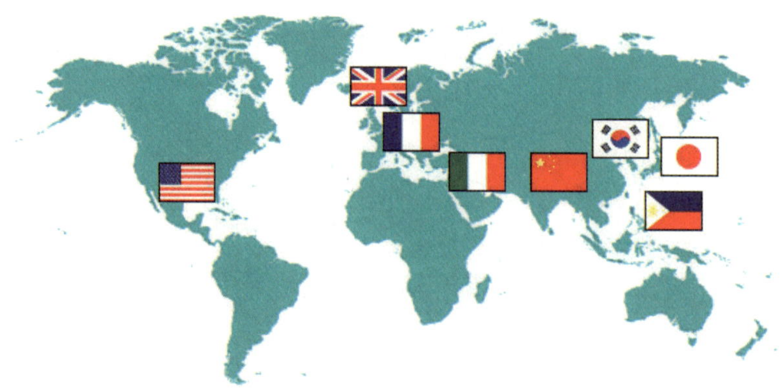

| 한국 | 韩国<br>Hánguó | 영국 | 英国<br>Yīngguó |
|---|---|---|---|
| 중국 | 中国<br>Zhōngguó | 프랑스 | 法国<br>Fǎguó |
| 일본 | 日本<br>Rìběn | 이탈리아 | 意大利<br>Yìdàlì |
| 미국 | 美国<br>Měiguó | 필리핀 | 菲律宾<br>Fēilùbīn |

# 또박또박 발음하기

잘 듣고 빈 칸을 채우세요. 🔊



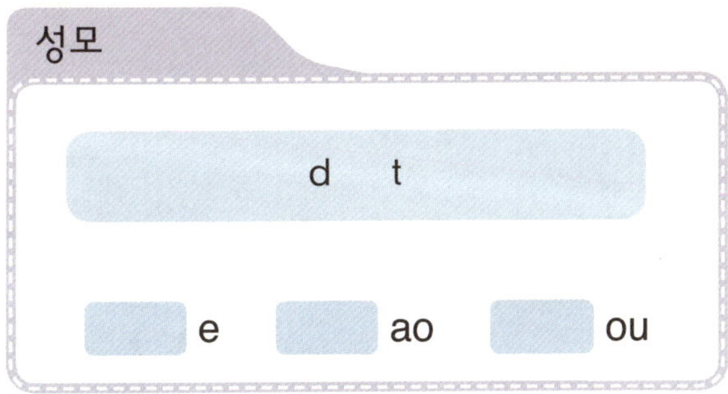

**1.** 나라 이름을 넣어 문장을 연습해보세요.

A : 你是哪国人?

B : 我是 __________ 人。

法国
日本
意大利

**2.** 주어진 단어를 활용해 문장을 연습해보세요.

A : 你是不是 __________ ?

B : 我是 __________ 。

护士
医生
公务员

**새단어**

护士 [hùshi] 명 간호사
医生 [yīshēng] 명 의사

| 哪<br>nǎ | 哪 哪 哪 哪 哪 哪 哪 哪 哪 |
| 国<br>guó | 国 国 国 国 国 国 国 国 |
| 人<br>rén | 人 人 |
| 不<br>bù | 不 不 不 不 |
| 学<br>xué | 学 学 学 学 学 学 学 学 |
| 生<br>shēng | 生 生 生 生 生 |

**1.** 단어의 성조가 바른 것에 O, 틀린 것에 X하세요.

1) 人　　　　rén　　　　　　　（　　）
2) 韩国　　　Hánguó　　　　　（　　）
3) 学生　　　xuēsheng　　　　（　　）
4) 是不是　　shì bu shì　　　　（　　）

**2.** 빈 칸에 들어갈 알맞은 말을 보기에서 골라 쓰세요.

公务员　　韩国　　哪　　是不是

1) 你是 __________ 国人?　　당신은 어느 나라 사람입니까?
2) 你 __________ 学生?　　당신은 학생입니까?
3) 我是 __________ 。　　저는 공무원입니다.

**3.** 그림을 보고 대화를 완성하세요.

A : 你是哪国人?
B : 我是 __________ 。
A : 你是不是学生?
B : 我 ______ 学生, 是 ______ 。

# 룰루랄라 노래하기

직접 들으면서
따라 불러 보세요~

# 중국의 이모저모

중국인민정치협상회의 및 중국공산당

노동자 · 농민 · 지식계급 · 애국적 자본가의 4계급으로 성립된 국민

바탕색 빨강은 혁명을 상징하는 전통적인 색

별의 노란색은 황인종

**TIP**

오성홍기(五星紅旗)는 쩡리앤쏭(曾联松)이 도안한 것으로 1949년 9월 27일 중국인민정치협상회의 준비위원회 1차 전체회의에서 국기로 선정되어 10월 1일 제정되었으며, 오성홍기의 가로세로 비율은 3 : 2입니다.

## 중국 개관

국 명 중화인민공화국(中华人民共和国)
정치체제 인민공화제
건국일자 1949년 10월 1일
인 구 13억 5000만 명
인구구성 90%이상의 한족과 55개의 소수민족
면 적 960㎢ (남한의 약 96배)
수 도 베이징(북경)
공용언어 중국어
시 차 한국보다 1시간 느림
화폐단위 위안(元)

**TIP**

중국은 아시아 동부에 위치해 있으며 면적이 세계에서 네 번째로 큰 나라입니다. (러시아 > 캐나다 > 미국 > 중국)

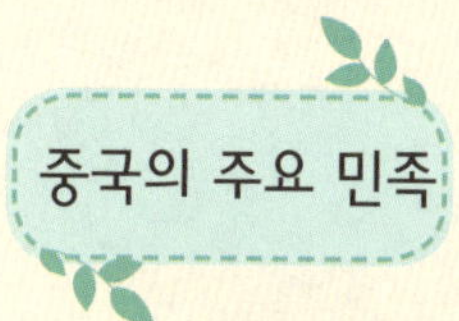

한족(汉族)-최대민족

장족(壯族)-광서장족자치구

회족(回族)-영하회족자치구

위구르족(维吾尔族)-신장위구르자치구

몽고족(蒙古族)-내몽고자치구

티베트족(藏族)-티베트자치구

**TIP**

중국에는 55개의 소수민족 중 5개의 민족만이 자치구를 형성하고 있는데, 그
것은 광서장족자치구, 영하회족자치구, 신장위구르자치구, 내몽고자치구 그리
고 티베트자치구입니다. 자치구는 소수민족의 자치권과 문화, 전통을 보장해
주려는데 의의가 있을 뿐, 인구의 수가 기준이 되어 만들어진 것은 아닙니다.

MEMO

Chapter **4** 나이

나이

- 나이 말하기
- 상대방의 나이 여쭈어보기

# 나이 말하기

A : **请问, 你今年多大了？**
Qǐngwèn, nǐ jīnnián duō dà le?

B : **我今年十六岁。**
Wǒ jīnnián shíliù suì.

今年 [jīnnián] 명 올해, 금년

多大 [duō dà] (나이, 크기가) 얼마나

了 [le] 조 (변화의 의미를 나타내는 어기조사)

岁 [suì] 양 세, 살 (나이를 세는 양사)

## POINT

**◑ 나이 묻기**

중국어에는 원래 존댓말이 따로 없지만, 몇몇의 경우에 격식을 갖춘 문장을 쓰기도 합니다. 대표적인 경우가 앞서 배운 '존함 묻기'와 '나이 묻기'입니다. 중국도 우리나라와 같이 아랫사람이나 동년배에게 나이를 묻는 방식과 자신보다 윗사람에게 묻는 방식이 다릅니다.

**◑ 多大**

'얼마나'의 뜻을 가진 '**多**'와 형용사 '**大**'가 결합하여 '얼마나 크니'라는 뜻으로, 나이를 물을 때 쓰는 의문사입니다. 일반적으로 나이를 물을 때 '**多大**'를 많이 쓰지만, 10세 이하의 어린이에게는 '**几**jǐ (몇)'라는 의문사를 이용하여 **几岁**jǐ suì? (몇 살이니?)'라고 묻습니다.

- 10살 이상 − **你多大?**
  Nǐ duō dà?
- 10살 이하 − **你几岁?**
  Nǐ jǐ suì?

**◑ 了**

여태까지 그렇지 않았던 것이 '그렇게 되었다'는 뜻의 변화를 나타날 때 사용하며 문장 끝에 쓰입니다.

- **他来了。** 그가 왔습니다.
  Tā lái le.
- **天气冷了。** 날씨가 추워졌습니다.
  Tiānqì lěng le.

# 상대방의 나이 여쭈어보기

A : **您多大年纪?**
Nín duō dà niánjì?

B : **我五十二岁。**
Wǒ wǔshí'èr suì.

A : **您看起来很年轻。**
Nín kàn qǐlái hěn niánqīng.

B : **谢谢。**
Xièxie.

年纪 [niánjì] 명 나이, 연령
看起来 [kàn qǐlái] 보기에 ~하다,
보아하니 ~하다
年轻 [niánqīng] 형 젊다, 어리다

**POINT**

❶ **多大年纪**
'**多大年纪**'는 보통 웃어른의 연세를 물을 때 쓰는 공손한 표현입니다.

# 따끈따끈 단어 익히기



| 1 | 2 | 3 | 4 | 5 |
|---|---|---|---|---|
| 一 | 二 | 三 | 四 | 五 |
| yī | èr | sān | sì | wǔ |

| 6 | 7 | 8 | 9 | 10 |
|---|---|---|---|---|
| 六 | 七 | 八 | 九 | 十 |
| liù | qī | bā | jiǔ | shí |

| 11 | 12 | 13 | 14 | 15 |
|---|---|---|---|---|
| 十一 | 十二 | 十三 | 十四 | 十五 |
| shíyī | shíèr | shísān | shísì | shíwǔ |

| 16 | 17 | 18 | 19 | 20 |
|---|---|---|---|---|
| 十六 | 十七 | 十八 | 十九 | 二十 |
| shíliù | shíqī | shíbā | shíjiǔ | èrshí |

| 30 | 40 | 50 | 60 | 70 |
|---|---|---|---|---|
| 三十 | 四十 | 五十 | 六十 | 七十 |
| sānshí | sìshí | wǔshí | liùshí | qīshí |

| 80 | 90 | 100 | 101 | 110 |
|---|---|---|---|---|
| 八十 | 九十 | 一百 | 一百零一 | 一百一十 |
| bāshí | jiǔshí | yìbǎi | yìbǎilíngyī | yìbǎiyìshí |

# 또박또박 발음하기



### 성모

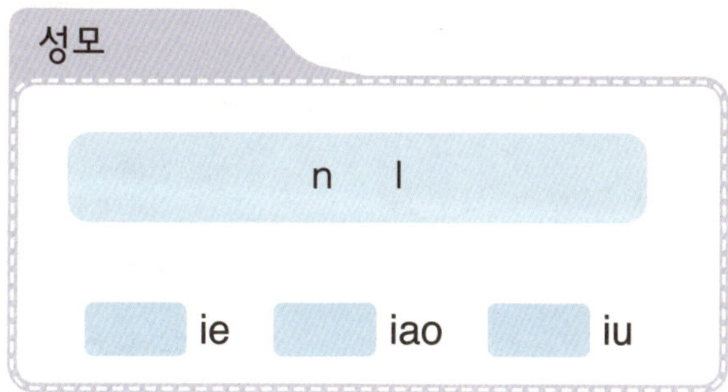


### 운모

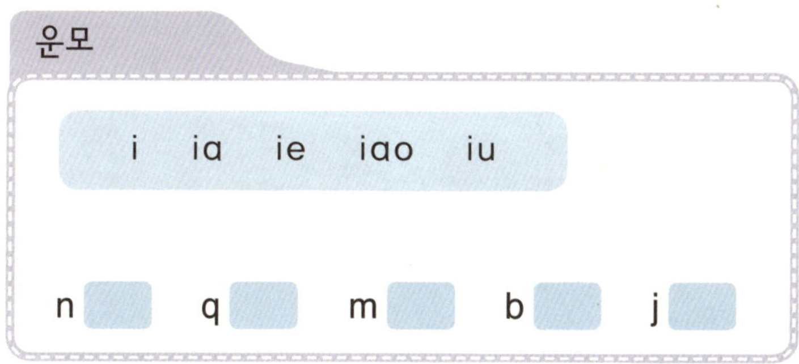


### 성조연습

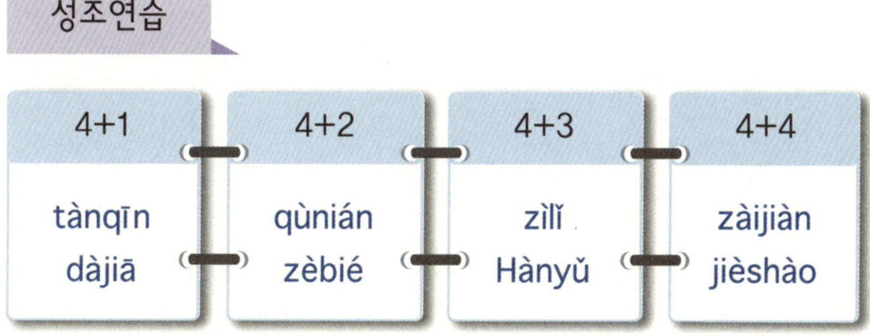

# 샬라샬라 말하기

**1.** 숫자를 넣어 문장을 연습해보세요.

    A : 你今年多大了？

    B : 我今年 __________ 岁。

十八
二十五
三十二

**2.** 주어진 단어를 활용해 문장을 연습해보세요.

    A : 你今年 __________ ？

几岁
多大
多大年纪

    B : 我今年 __________ 岁。

八
二十三
四十五

# 끄적끄적 쓰기

| 今 jīn | 今今今今 |
| 年 nián | 年年年年年年 |
| 纪 jì | 纪纪纪纪纪纪 |
| 看 kàn | 看看看看看看看看看 |
| 起 qǐ | 起起起起起起起起起 |
| 来 lái | 来来来来来来来 |

**1.** 단어의 성조가 바른 것에 O, 틀린 것에 X하세요.

1) 多大　　duō dā　　　　　　（　　　）
2) 岁　　　suì　　　　　　　　（　　　）
3) 年纪　　niánjǐ　　　　　　（　　　）
4) 几　　　jǐ　　　　　　　　　（　　　）

**2.** 빈 칸에 들어갈 알맞은 말을 보기에서 골라 쓰세요.

你今年多大　　您多大年纪　　你今年几岁

A : 你今年多大?
B : 我今年二十七岁。 ______________?
A : 我今年五十三岁。

**3.** 그림을 보고 대화를 완성하세요.

A : 我今年五十七岁, 你今年
　　多大?
B : 我 ______________ 。

# 룰루랄라 노래하기

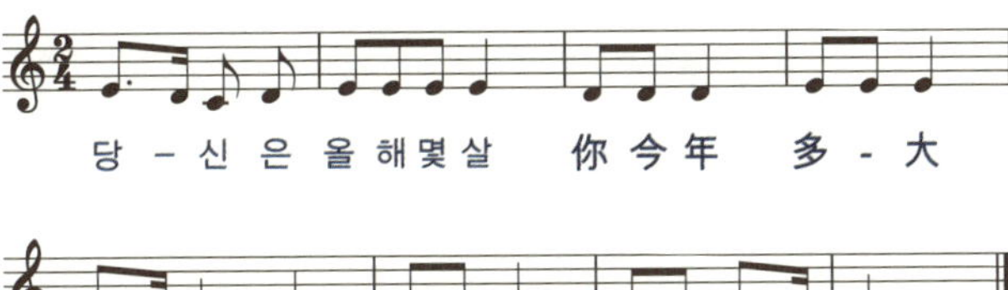

직접 들으면서
따라 불러 보세요~

MEMO

# Chapter 5

생일

- 생일 말하기
- 띠 말하기
- 생일 축하하기

A : 你的生日是几月几号?
Nǐ de shēngrì shì jǐ yuè jǐ hào?

B : 我的生日是一月三号。
Wǒ de shēngrì shì yī yuè sān hào.

A : 那么, 是下个星期一吧!
Nàme, shì xià ge xīngqī yī ba!

B : 是, 下个星期一。
Shì, xià ge xīngqī yī.

生日 [shēngrì] 명 생일

几 [jǐ] 수 몇

月 [yuè] 명 월

号 [hào] 명 일

那么 [nàme] 접 그러면, 그럼

下个星期 [xià ge xīngqī] 명
다음주

吧 [ba] 조 (추측을 나타내는 어
기조사)

星期一 [xīngqī yī] 명 월요일

**POINT**

◐ 几月几号

'몇 월 며칠 입니까?'라고 물을 때는 한국어의 어순과 중국어의
어순이 같습니다.

◐ 吧

문장 맨 끝에 쓰여, 확인 · 추측 · 명령 · 청유 · 제안 · 동의의 어
투를 나타냅니다. 여기서는 추측과 확인의 의미를 가진 '吧'입
니다.

# 띠 말하기

A : 你属什么?
Nǐ shǔ shénme?

B : 我属牛。
Wǒ shǔ niú.

A : 你是一九八五年出生的吗?
Nǐ shì yī jiǔ bā wǔ nián chūshēng de ma?

B : 是。
Shì.

属 [shǔ] 동 띠가 ~이다
牛 [niú] 명 소
年 [nián] 명 해, 년
出生 [chūshēng] 동 태어나다

**POINT**

**◑ 1985年**
중국에서는 연도를 말할 때 숫자 하나씩 읽습니다.

- 1985 ⇒ 一九八五
  yī jiǔ bā wǔ
- 2011 ⇒ 二零一一
  èr líng yī yī
- 2022 ⇒ 二零二二
  èr líng èr èr

**◑ 是 ~ 的**
'是 ~ 的'는 어떤 행위가 발생하는 것이 분명하고 그 행위가 행해지는 것을 강조하려 할 때 쓰이며, 강조하고 싶은 것을 '是 ~ 的' 사이에 넣으면 됩니다.

- 他是今天来的。 그는 오늘 왔습니다.
  Tā shì jīntiān lái de.
- 是我做的。 제가 했습니다.
  Shì wǒ zuò de.

**◑ 십이지신**

| 老鼠 | 牛 | 老虎 | 兔子 | 龙 | 蛇 | 马 | 羊 | 猴子 | 鸡 | 狗 | 猪 |
|---|---|---|---|---|---|---|---|---|---|---|---|
| lǎoshǔ | niú | lǎohǔ | tùzi | lóng | shé | mǎ | yáng | hóuzi | jī | gǒu | zhū |

# 생일축하하기

A : **今天是你的生日吧!**
Jīntiān shì nǐ de shēngrì ba!

**祝你生日快乐!**
Zhù nǐ shēngrì kuàilè!

B : **谢谢。**
Xièxie.

今天 [jīntiān] 명 오늘

祝 [zhù] 동 축하하다

快乐 [kuàilè] 형 즐겁다, 행복하다

**POINT**

◑ **祝你生日快乐**
'생일축하해'라는 표현으로, 직역하면 '당신의 생일
이 즐겁기를 바랍니다'라는 뜻입니다.

여기에서 '**~快乐**'는 '즐거운 ~되세요' 라는 표현으
로 예를 들어 **周末快乐**zhōumò kuàilè!라고하면 '즐
거운 주말 보내세요' 라는 말이 됩니다.

# 따끈따끈 단어 익히기

## 여러가지 일자

| 재작년 | 작년 | 올해 | 내년 | 내후년 |
|---|---|---|---|---|
| 前年<br>qiánnián | 去年<br>qùnián | 今年<br>jīnnián | 明年<br>míngnián | 后年<br>hòunián |

| 지지난달 | 지난달 | 이번달 | 다음달 | 다다음달 |
|---|---|---|---|---|
| 上上个月<br>shàng shàng ge yuè | 上个月<br>shàng ge yuè | 这个月<br>zhè ge yuè | 下个月<br>xià ge yuè | 下下个月<br>xià xià ge yuè |

| 지지난주 | 지난주 | 이번주 | 다음주 | 다다음주 |
|---|---|---|---|---|
| 上上个星期<br>shàng shàng ge xīngqī | 上个星期<br>shàng ge xīngqī | 这个星期<br>zhè ge xīngqī | 下个星期<br>xià ge xīngqī | 下下个星期<br>xià xià ge xīngqī |

| 그제 | 어제 | 오늘 | 내일 | 모레 |
|---|---|---|---|---|
| 前天<br>qiántiān | 昨天<br>zuótiān | 今天<br>jīntiān | 明天<br>míngtiān | 后天<br>hòutiān |

| 일 | 월 | 화 | 수 | 목 | 금 | 토 |
|---|---|---|---|---|---|---|
| 星期日<br>xīngqī rì | 星期一<br>xīngqī yī | 星期二<br>xīngqī èr | 星期三<br>xīngqī sān | 星期四<br>xīngqī sì | 星期五<br>xīngqī wǔ | 星期六<br>xīngqī liù |

잘 듣고 빈 칸을 채우세요.

**성모**

**운모**

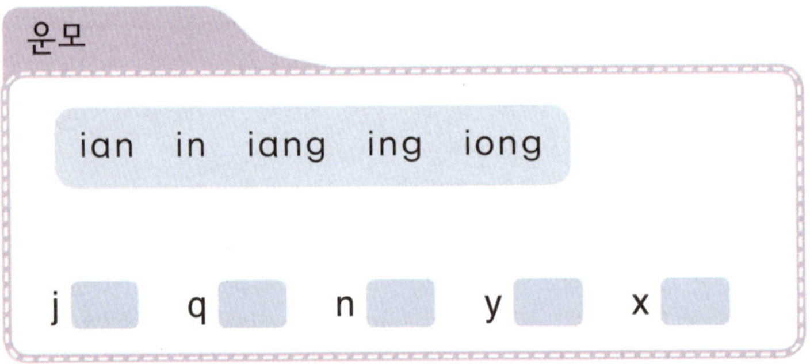


**성조연습**

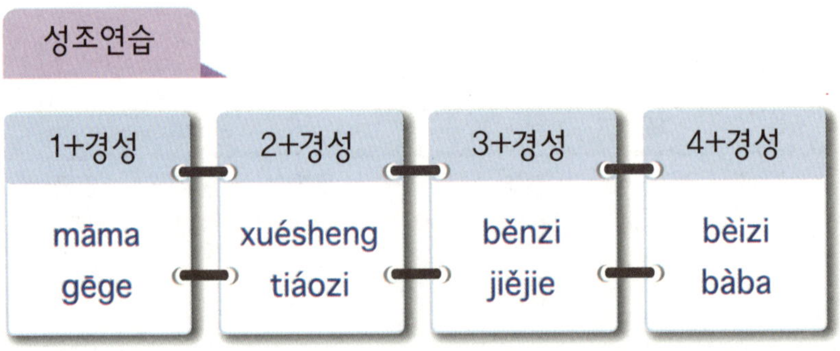

**1.** '월, 일'을 넣어 문장을 연습해보세요.

    A : 你的生日是几月几号?

    B : 我的生日是 __________ 。

> 六月 一号
> 八月 三十号
> 五月 二十四号

**2.** 띠를 넣어 문장을 연습해보세요.

    A : 你属什么?

    B : 我属 __________ 。

> 虎
> 鸡
> 龙

**3.** 주어진 단어를 활용해 문장을 연습해보세요.

    A : _____ 是 _____ 月 _____ 号, 祝你生日快乐!

    B : 谢谢。

| | | |
|---|---|---|
| 昨天 | 三 | 十五 |
| 今天 | 八 | 三十 |
| 明天 | 一 | 二十六 |

| 几 jǐ | 几 几 |
| 号 hào | 号 号 号 号 号 |
| 星 xīng | 星 星 星 星 星 星 星 星 星 |
| 期 qī | 期 期 期 期 期 期 期 期 期 期 期 期 |
| 祝 zhù | 祝 祝 祝 祝 祝 祝 祝 祝 祝 |
| 快 kuài | 快 快 快 快 快 快 快 |

**1.** 단어의 성조가 바른 것에 O, 틀린 것에 X하세요.

1) 生日　　shēngrǐ　　　　　（　　　）
2) 月　　　yué　　　　　　　（　　　）
3) 属　　　shǔ　　　　　　　（　　　）
4) 出生　　chūshēng　　　　（　　　）

**2.** 다음 단어를 시간 순으로 나열하세요.

| 后年　　　前年　　　明年　　　去年　　　今年 |

1) ＿＿＿ → ＿＿＿ → ＿＿＿ → ＿＿＿ → ＿＿＿

| 星期六　　星期三　　星期五　　星期日　　星期四 |

2) ＿＿＿ → ＿＿＿ → ＿＿＿ → ＿＿＿ → ＿＿＿

**3.** 그림을 보고 대화를 완성하세요.

A : 你的生日是几月几号?

B : ＿＿＿＿＿＿＿＿＿＿＿ 。

# 룰루랄라 노래하기

직접 들으면서
따라 불러 보세요~

# Chapter 6

가족

- 가족 수 말하기
- 가족 상황 소개하기

A : 你家有几口人？
Nǐ jiā yǒu jǐ kǒu rén?

B : 有四口人，爸爸、妈妈、姐姐和
我。你呢？
Yǒu sì kǒu rén, bàba, māma, jiějie hé wǒ.

Nǐ ne?

A : 我是独生女，只有爸爸、妈妈和
我。
Wǒ shì dúshēngnǚ, zhǐyǒu bàba, māma hé wǒ.

家 [jiā] 명 집

有 [yǒu] 동 ~가 있다

口 [kǒu] 양 명 (식구를 세는 양사)

姐姐 [jiějie] 명 언니

和 [hé] 접 ~와

独生女 [dúshēngnǚ] 명 외동딸

只有 [zhǐyǒu] 부 단지, 오로지

## POINT

◑ 口

양사는 '~개, ~마리, ~그루, ~장, ~명…' 등 명사를 세는 단위입니다. 여기나온
'口'는 사람을 세는 양사, 그 중에서도 가족 수를 셀 때 쓰는 양사입니다. 한자로
'입 구' 자인데, '한 솥밥을 먹는 식구'라는 의미에서 가족에는 '口'를 씁니다.

**기타 양사**

- 一本书。 책 한 권
  Yì běn shū.

- 一支铅笔。 연필 한 자루
  Yì zhī qiānbǐ.

- 一杯茶。 차 한 잔
  Yì bēi chá.

- 一个苹果。 사과 한 개
  Yí ge píngguǒ.

# 가족 상황 소개하기

A : 你们四个人都一起住吗?
Nǐmen sì ge rén dōu yìqǐ zhù ma?

B : 不，我们只有三个人住在一起。
Bù, wǒmen zhǐyǒu sān ge rén zhù zài yìqǐ.

A : 你姐姐呢? 她结婚了吗?
Nǐ jiějie ne? Tā jiéhūn le ma?

B : 她还没有男朋友呢!
Tā hái méiyǒu nánpéngyou ne!

一起 [yìqǐ] 튀 같이, 함께
住 [zhù] 동 살다
她 [tā] 대 그녀
结婚 [jiéhūn] 동 결혼하다
还 [hái] 튀 아직, 여전히
没有 [méiyǒu] 동 ~이 없다 (有의 부정형)
男朋友 [nánpéngyou] 명 남자친구

## POINT

**◐ 一起**
'一起' 는 '함께, 같이' 라는 의미의 부사입니다.

- 我们一起去看电影, 好吗? 우리 같이 영화 보러 가는 게 어떻겠습니까?
  Wǒmen yìqǐ qù kàn diànyǐng, hǎo ma?

- 我们一起吃饭吧。 우리 같이 밥 먹읍시다.
  Wǒmen yìqǐ chī fàn ba.

※ '一起' 는 '一' 의 성조 변화법칙(yī+3성 ⇒ yì+3성)에 따라서 [yìqǐ]로 읽어줍니다.

**◐ 还没有~呢**
'呢' 는 문장 끝에 붙어 그 문장의 어투를 나타내는 어기 조사로서, 마땅히 발생해야 할 일이 아직 발생하지 않았음을 나타냅니다.

- 王老师来了吗? 왕 선생님 오셨습니까?
  Wáng lǎoshī lái le ma?

- 她还没来呢! 그녀는 아직 오지 않았습니다.
  Tā hái méi lái ne!

가족 호칭

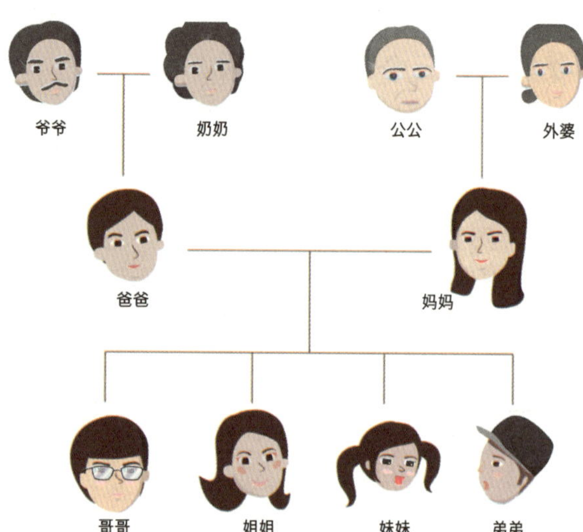


| 할아버지 | 爷爷<br>yéye | 할머니 | 奶奶<br>nǎinai |
|---|---|---|---|
| 외할아버지 | 公公<br>gōnggong | 외할머니 | 外婆<br>wàipó |
| 아빠 | 爸爸<br>bàba | 엄마 | 妈妈<br>māma |
| 형 | 哥哥<br>gēge | 언니 | 姐姐<br>jiějie |
| 남동생 | 弟弟<br>dìdi | 여동생 | 妹妹<br>mèimei |

# 또박또박 발음하기

잘 듣고 빈 칸을 채우세요. 🔊

**성모**

**운모**

**성조연습**

**1.** 주어진 단어를 활용해 문장을 연습해보세요.

1) A : 你家有几口人？

B : 我家有 __________ 口人。

三
四
五
六

2) A : 都有什么人？

B : 爸爸、妈妈、哥哥、
__________ 和我。

姐姐
妹妹
弟弟

3) A : 你有 __________ 吗？

B : 我没有 __________ 。

姨妈
奶奶
舅舅

**새단어**

姨妈 [yímā] 명 이모
舅舅 [jiùjiu] 명 외삼촌

| 家 jiā | 家家家家家家家家家家 |
| 有 yǒu | 有有有有有有 |
| 口 kǒu | 口口口 |
| 还 hái | 还还还还还还还 |
| 结 jié | 结结结结结结结结 |
| 婚 hūn | 婚婚婚婚婚婚婚婚婚婚 |

**1.** 다음 한자에 해당하는 병음을 찾아서 연결해보세요.

学生　•　　　　　•　lǎoshī

老师　•　　　　　•　péngyou

家　•　　　　　•　jiā

爸爸　•　　　　　•　yìqǐ

一起　•　　　　　•　bàba

朋友　•　　　　　•　xuésheng

**2.** 빈 칸에 들어갈 알맞은 말을 보기에서 골라 쓰세요.

结婚　还　和　没有　有　口　几

1) A：你家有几 __________ 人？

　　B：我家 __________ 三口人。

2) A：你家都有什么人？

　　B：爸爸、妈妈、哥哥 __________ 我。

3) A：你的妹妹 __________ 了吗？

　　B：她 __________ 没有男朋友呢!

# 룰루랄라 노래하기

직접 들으면서
　따라 불러 보세요~

# 중국인의 사고 들여다보기

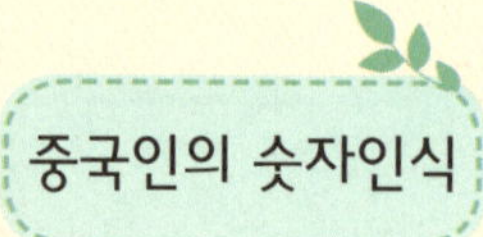



**1** 숫자 8과 함께 사용될 때는 '돈을 벌겠다(**要发**)'라는 좋은 뜻으로 쓰이나, 결혼식에서는 모든 것이 쌍을 이루도록 하는 게 전통이므로 '혼자'라는 의미를 지닌 1의 사용은 절대 금지되고 있습니다.

**2** '겹경사가 있기를 바란다(**好事成双**)'는 축복의 의미와 '사랑한다(**爱**)'는 의미를 지녀 좋은 숫자에 속합니다.

**3** 숫자 3(sān)은 발음이 흩어질 散(sǎn)과 같기 때문에 좋지 않은 뜻에 자주 사용됩니다.
※ **第三者**(dìsānzhě) – 부부나 연인 사이에 끼어드는 사람

**4** 숫자 4(sì)는 '죽다'라는 의미의 **死**(sǐ)와 발음이 같기 때문에 사용을 꺼려하는 숫자입니다.

**5** 숫자 5(wǔ)는 '자신'을 가리키는 '**我**(wǒ)'와 발음이 비슷하고 '없음'을 의미하는 **无**(wú)와 발음이 같아 이 두 가지 의미를 모두 지니는 중성적 숫자입니다.

**6** 만사형통을 뜻하는 '**六六大顺**' 과 같이 '순조롭다'는 뜻으로 해석되는 길한 숫자로써, 어떤 자리에 위치하든 어떤 숫자와 배합하든 좋은 의미를 지닌 숫자입니다.

**7** 선물에서도 7(qī)을 피하고 길일을 고를 때도 7은 제외시킵니다. 7이 홀수 때문이기도 하지만 망자에 대한 제사를 7일 주기로 7회 즉, 7×7=49일을 지내기 때문입니다.

**8** 숫자 8(bā)은 '돈을 벌다'라는 **发财**(fācái)의 '**发**(fā)'와 발음이 비슷하여 중국인들이 가장 좋아하는 숫자입니다. 8자가 들어간 전화번호나, 자동차 번호판 등은 경매를 붙여 팔기도 합니다.

**9** 9(jiǔ)는 '오래, 길게'를 뜻하는 **久**(jiǔ)와 발음이 같아 중국인들이 선호하는 숫자입니다. 자주 8자와 함께 사용되며 9, 8의 발음이 **久发**(jiǔfa)와 비슷해서, '오래 돈을 벌다'로 해석됩니다.

**TIP**

일반적으로 홀수보다는 짝수를 선호하는 편으로 축의금은 짝수로, 조의금은 홀수로 주는 것이 좋습니다. 단, 4는 제외.

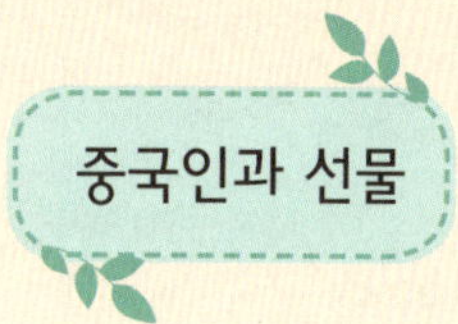

# YES

### 선호하는 선물

| |
|---|
| 홍삼 |
| 토속 공예품 |
| 지갑, 손목시계 |
| 담배, 질 좋은 주류 |
| 사탕과 과일바구니 |
| 숫자 8과 관련된 선물 |
| 우표, 라이터 (우표 수집가 / 흡연자일 경우) |

# NO

### '발음'상 기피하는 선물

| | |
|---|---|
| 배 | 배 (梨 lí)와 떠나다(离 lí) = 이별의 의미 |
| 신발 | 신발 (鞋 xié)과 사악하다(邪 xié) = 재앙의 의미 |
| 우산 | 우산 (伞 sǎn)과 흩어지다(散 sàn) = 이별의 의미 |
| 탁상시계 | 탁상시계 (钟 zhōng)와 죽다(终 zhōng) = 죽음의 의미 |

### '관습'상 좋아하지 않는 선물

| | |
|---|---|
| 흑백/파란색 | 죽음의 의미 |
| 꽃다발 | 생명의 짧음을 의미 |
| 손수건 | 슬픔과 눈물의 의미 |
| 가위와 칼 | 우정, 인연을 끊는다는 의미 |
| 녹색모자 | 아내가 바람을 피웠다는 의미 |

**TIP**

중국인들은 선물을 선뜻 받지 않고, 사양하는 습관이 있으므로 적어도 3번 이상 선물을 권하는 것이 좋습니다.

# MEMO

Chapter
# 연락처 / 주소

- 전화번호 말하기
- 사는 곳 말하기

# 전화번호 말하기

A : 你的电话号码是多少？
Nǐ de diànhuà hàomǎ shì duōshao?

B : 3420 - 6648, 你有手机吗？
Sān sì èr líng - liù liù sì bā, nǐ yǒu shǒujī ma?

A : 有，我的手机号码是
010-5584-9876。
Yǒu, wǒ de shǒujī hàomǎ shì
líng yāo líng - wǔ wǔ bā sì - jiǔ bā qī liù.

电话号码 [diànhuà hàomǎ]
명 전화번호

多少 [duōshao] 대 얼마, 얼마나

手机 [shǒujī] 명 휴대폰

## POINT

### ◑ 번호 읽기

일반적으로 전화번호는 한 글자씩 각각 읽어줍니다. 숫자 0은 零 líng으로 읽어주며, 숫자 1은 일반적으로 一 yī는 幺 yāo라고 읽습니다. 그 이유는 1과 7의 발음이 비슷하기 때문에 확실히 구분해주기 위함입니다. 그 외에도 차 번호, 주민번호, 방 호수 등도 한 글자씩 읽어줍니다.

- 6785-4689
六七八五四六八九
liù qī bā wǔ sì liù bā jiǔ

- 010-3459-0298
零幺零三四五九零二九八
líng yāo líng sān sì wǔ jiǔ líng èr jiǔ bā

# 사는 곳 말하기

A : 你现在住在哪儿?
Nǐ xiànzài zhù zài nǎr?

B : 我住在北京。
Wǒ zhù zài Běijīng.

A : 请告诉我你的地址。
Qǐng gàosu wǒ nǐ de dìzhǐ.

B : 我住在学院路9号。
Wǒ zhù zài Xuéyuànlù jiǔ hào.

现在 [xiànzài] 명 지금, 현재
在 [zài] 개 ~에, ~에서
哪儿 [nǎr] 대 어디, 어느 곳
北京 [Běijīng] 고유 베이징(북경)
请 [qǐng] 동 요청하다, 부탁하다
告诉 [gàosu] 동 알리다
地址 [dìzhǐ] 명 주소
学院路 [Xuéyuànlù] 고유
슈에위앤루(학원로; 북경의 지명)

## POINT

◑ 在
개사 '在'는 주로 장소 앞에 쓰여서 '~에(서)'라고 해석됩니다.

◑ 哪儿
'어디'라는 뜻의 의문대명사입니다. 의문대명사란, 의문문을 만들 때 쓰는 대명사로, 문장 끝에 '吗'를 붙이지 않고도 의문을 나타낼 수 있습니다. 주로 한국어의 6하 원칙에 해당하는 것들로, 평서문 중에서 의문이 필요한 부분에 넣어서 쓰면 됩니다.

• 他现在在哪儿? 그는 지금 어디에 있습니까?
Tā xiànzài zài nǎr?

• 他现在去哪儿? 그는 지금 어디에 갑니까?
Tā xiànzài qù nǎr?

◑ 告诉我你的地址
일반적으로 한 문장 안에는 목적어가 한 개이지만 예외적으로 수여(授與)의 의미를 갖는 동사 (教 jiāo, 送 sòng, 借 jiè, 给 gěi, 告诉 gàosu, 通知 tōngzhī, 还 huán…) 들은 사람목적어(직접목적어)와 사물목적어(간접목적어), 이렇게 두 개의 목적어를 가질 수 있습니다.

告诉 → 수여동사    我 → 직접목적어    你的地址 → 간접목적어

• 王老师给我一张照片。
Wáng lǎoshī gěi wǒ yì zhāng zhàopiàn.
왕 선생님이 나에게 한 장의 사진을 주셨습니다.

• 我还他词典。
Wǒ huán tā cídiǎn.
나는 그에게 사전을 돌려주었습니다.

# 따끈따끈 단어 익히기



| | | | |
|---|---|---|---|
| 谁<br>shéi | 누가 | 什么<br>shénme | 무엇을 |
| 什么时候<br>shénmeshíhòu | 언제 | 怎么<br>zěnme | 어떻게 |
| 哪儿<br>nǎr | 어디서 | 为什么<br>wèishénme | 왜 |



직할시 : 直辖　zhíxiá

성 ： 省　shěng

시 ： 市　shì

동 ： 洞　dòng

구 ： 区　qù

로 ： 路　lù

동건물 : 号楼　hàolóu

층 ： 楼　lóu

호 ： 号　hào

현관 : 单元　dānyuán

방(실) : 室　shì

# 또박또박 발음하기

잘 듣고 빈 칸을 채우세요.

### 성모

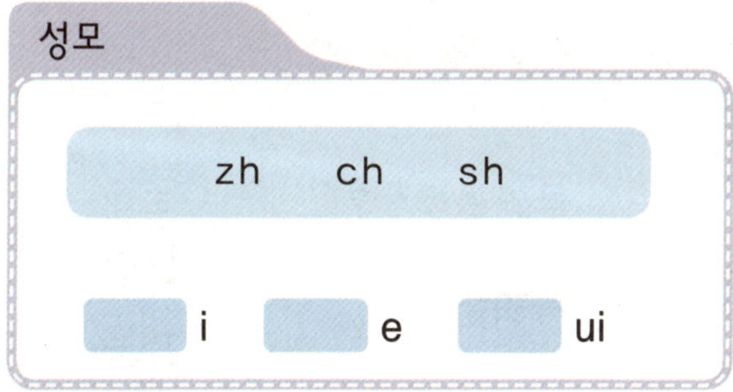


### 운모

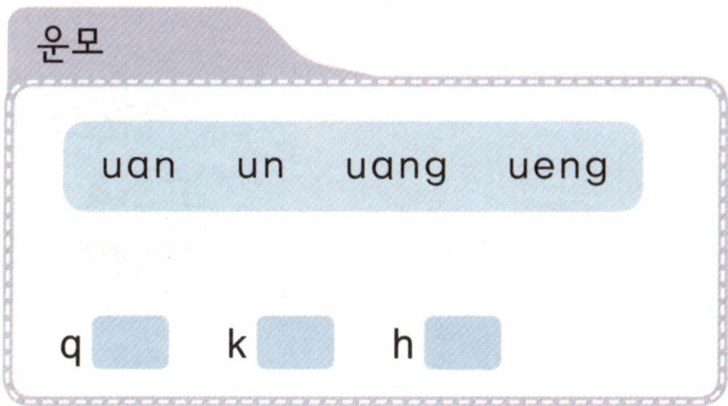


### 성조연습

**1.** 주어진 단어를 활용해 문장을 연습해보세요.

1)A : 你的 _________ 号码是多少?

B : 我的 _________ 号码是……。

手机
房间
护照
身份证

2)A : 你有 _________ 吗?

B : 我(没)有 _________ 。

电脑
女朋友
兄弟姐妹

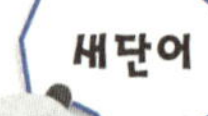

**새단어**

房间 [fángjiān] 몡 방, 집
护照 [hùzhào] 몡 여권
身份证 [shēnfēnzhèng] 몡 신분증
电脑 [diànnǎo] 몡 컴퓨터
女朋友 [nǚpéngyou] 몡 여자친구
兄弟姐妹 [xiōngdìjiěmèi] 몡 형제자매

# 끄적끄적 쓰기

手 shǒu
手手手手

机 jī
机机机机机机

住 zhù
住住住住住住住

在 zài
在在在在在在

北 běi
北北北北北

京 jīng
京京京京京京京京

## 무럭무럭 실력 쌓기

**1.** 단어의 성조가 바른 것에 O, 틀린 것에 X하세요.

1) 地址　dìzhǐ　　　（　　　）
2) 电话　diànhuá　　（　　　）
3) 北京　Bèijīng　　（　　　）
4) 住　　zhū　　　　（　　　）
5) 号码　hǎomà　　　（　　　）

**2.** 다음 여러 가지 번호들을 한자로 쓰고 읽어보세요.

1) 手机 : 010–3456–9816　　______________________
2) 电话 : 02–2470–8112　　______________________
3) 房间 : 301号　　______________________
4) 身份证 : 910716–1268964　______________________

**3.** 다음 대화를 완성하세요.

A : 请你 __________ 我, 你的__________ 。

저에게 당신의 주소를 알려주세요.

B : 我住在上海市南京路3号。

# 룰루랄라 노래하기

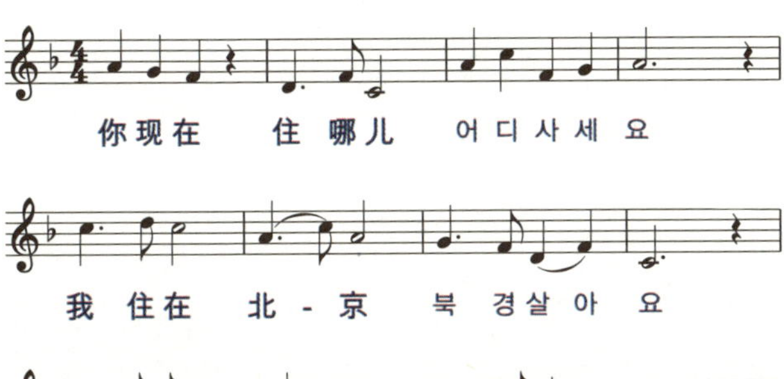

직접 들으면서
따라 불러 보세요~

MEMO

# Chapter 8

취미

- 취미 말하기
- 능력 말하기

# 취미 말하기

A : 你的爱好是什么?
Nǐ de àihào shì shénme?

B : 我的爱好是运动。
Wǒ de àihào shì yùndòng.

你喜欢做什么?
Nǐ xǐhuan zuò shénme?

A : 我喜欢一边看书，一边听音乐。
Wǒ xǐhuan yìbiān kàn shū, yìbiān tīng yīnyuè.

爱好 [àihào] 명 취미
运动 [yùndòng] 명 운동
喜欢 [xǐhuan] 동 좋아하다
做 [zuò] 동 ~하다
一边…一边 [yìbiān ~ yìbiān]
~하면서 ~하다
看 [kàn] 동 보다
书 [shū] 명 책
听 [tīng] 동 듣다
音乐 [yīnyuè] 명 음악

**POINT**

◑ **你的爱好是什么**
여기에서 '爱好'는 '취미'라는 뜻의 명사입니다. '好'가 '좋다'라는 뜻의 형용사로 쓰일때는 3성으로 발음하지만, '취미'라는 명사에서는 4성으로 발음된다는 것에 주의하세요.

◑ **你喜欢做什么**
단어 그대로 직역하면 '당신은 무엇 하기를 좋아하십니까?'라는 말이며, 이것 또한 취미를 물을 때 쓰는 말입니다.

◑ **一边 ~ 一边**
'一边+동사 ~ 一边+동사'구조의 해석은 '~하면서~한다'라고 하며, 두 가지 이상의 동작이 동시에 진행되고 있음을 나타내는 표현법입니다.

- 一边喝咖啡，一边看书。 커피를 마시면서 책을 봅니다.
  Yìbiān hē kāfēi, yìbiān kàn shū.
- 一边喝酒，一边抽烟。 술을 마시면서 담배를 피웁니다.
  Yìbiān hē jiǔ, yìbiān chōu yān.
- 一边唱歌，一边跳舞。 노래하면서 춤을 춥니다.
  Yìbiān chàng gē, yìbiān tiào wǔ.

# 능력 말하기

A : 你会喝酒吗？
Nǐ huì hē jiǔ ma?

B : 会一点儿。
Huì yìdiǎnr.

A : 能喝多少？
Néng hē duōshao?

B : 啤酒能喝一瓶。
Píjiǔ néng hē yì píng.

会 [huì] 조동 통 ~할 수 있다, 할 수 있다
喝 [hē] 통 마시다
酒 [jiǔ] 명 술
一点儿 [yìdiǎnr] 조금
能 [néng] 조동 ~할 수 있다
啤酒 [píjiǔ] 명 맥주
瓶 [píng] 양 병 (병을 세는 양사)

## POINT

◑ '会' vs '能'

'会'와 '能'은 둘 다 '~할 수 있다'의 뜻을 가지고 있지만, 의미상 약간의 차이가 있습니다. '会'는 '(배워서) 할 수 있다'의 의미이고, '能'은 '(얼마만큼)할 수 있다'의 의미입니다. 다시 말해, 단순히 어떤 것을 할 수 있는 능력을 말할 때는 '会', 구체적으로 얼마나 할 수 있는지를 말할 때는 '能'을 쓰면 됩니다.

◑ 一点儿

'一点儿'은 '조금'이라는 뜻으로, 동사·형용사의 뒤에 붙여 쓸 수 있으며, 의미를 좀 더 가볍게 만드는 표현입니다.

# 따끈따끈 단어 익히기

散步
sànbù
산책하기

看书
kàn shū
독서하기

上网
shàng wǎng
인터넷하기

打棒球
dǎ bàngqiú
야구하기

弹钢琴
tán gāngqín
피아노치기

睡觉
shuì jiào
잠자기

打篮球
dǎ lánqiú
농구하기

聊天
liáotiān
수다 떨기

拍照片
pāi zhàopiàn
사진 찍기

打高尔夫球
dǎ gāo'ěrfūqiú
골프치기

打乒乓球
dǎ pīngpāngqiú
탁구치기

逛街
guàng jiē
쇼핑하기

# 또박또박 발음하기

잘 듣고 빈 칸을 채우세요. 🔊

## 성모

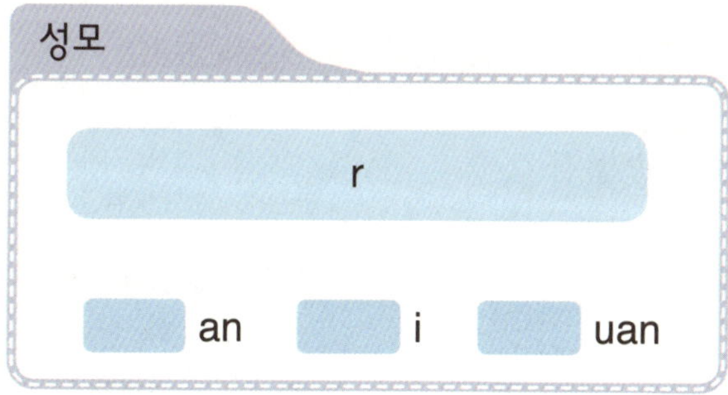


## 운모

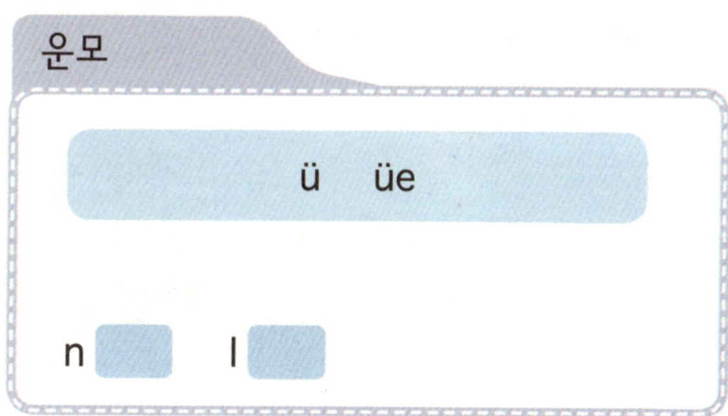


## 성조연습

# 샬라샬라 말하기

**1.** 각 동사에 맞게 목적어를 연결시켜 문장을 연습해보세요.

A : 你平时喜欢做什么？

B : 我平时喜欢 _________ 。

| 동사 | 목적어 |
| --- | --- |
| 打<br>看<br>踢 | 太极拳 / 网球<br>电影 / 戏剧踢<br>足球 |

**2.** 주어진 단어를 활용해 문장을 연습해보세요.

A : 你会 _________ 吗？

B : 会一点儿。

游泳<br>做菜<br>跆拳道



打 [dǎ] 동 하다, 치다 (손으로 하는 동작)
太极拳 [tàijíquán] 명 태극권
网球 [wǎngqiú] 명 테니스
戏剧 [xìjù] 명 연극
踢 [tī] 동 차다 (발로 하는 동작)
游泳 [yóuyǒng] 명 동 수영, 수영하다
跆拳道 [táiquándào] 명 태권도

# 끄적끄적 쓰기

| 爱<br>ài | 爱 爱 爱 爱 爱 爱 爱 爱 爱 爱 | | | | |
|---|---|---|---|---|---|

| 喜<br>xǐ | 喜 喜 喜 喜 喜 喜 喜 喜 喜 喜 喜 喜 | | | | |
|---|---|---|---|---|---|

| 欢<br>huān | 欢 欢 欢 欢 欢 欢 | | | | |
|---|---|---|---|---|---|

| 做<br>zuò | 做 做 做 做 做 做 做 做 做 做 做 | | | | |
|---|---|---|---|---|---|

| 会<br>huì | 会 会 会 会 会 会 | | | | |
|---|---|---|---|---|---|

| 能<br>néng | 能 能 能 能 能 能 能 能 能 能 | | | | |
|---|---|---|---|---|---|

**1.** 자신의 상황에 맞게 대화를 완성하세요.

1) A : 你的爱好是什么？

B : 我的爱好是 __________ 。

2) A : 你会说汉语吗？

B : 我 __________ 。

**2.** 주어진 자료를 보고 대화를 나누세요.

이름 : 李明
나이 : 15
취미 : 운동

이름 : 王林
나이 : 8
취미 : 노래

화제 : 서로의 나이와 취미 묻기

대화방식 : **李明**과 **王林**의 대화

# 룰루랄라 노래하기

직접 들으면서
따라 불러 보세요~

MEMO

# Chapter 9

장래희망 / 직업

- 장래희망 말하기
- 직업 말하기

# 장래희망 말하기

A : **你希望将来做什么？**
Nǐ xīwàng jiānglái zuò shénme?

B : **我的梦想是当一名记者。**
Wǒ de mèngxiǎng shì dāng yì míng jìzhě.

**你将来想当什么？**
Nǐ jiānglái xiǎng dāng shénme?

A : **我想当一名歌手。**
Wǒ xiǎng dāng yì míng gēshǒu.

希望 [xīwàng] 통 희망하다, 바라다
将来 [jiānglái] 명 장래, 미래
梦想 [mèngxiǎng] 명 꿈
记者 [jìzhě] 명 기자
当 [dāng] 통 ~가 되다
名 [míng] 양 명 (사람을 셀 때 쓰는 양사)
想 [xiǎng] 조통 ~하고 싶다
歌手 [gēshǒu] 명 가수

**POINT**

◑ 当一名记者 / 当一名歌手
중국어와 한국어의 여러 가지 차이점 중 하나가 바로 '수사+양사'의 사용입니다. 우리는 일반적으로 '저는 가수가 되고 싶습니다'라고 말하지만, 중국어에서는 '**我想当一名歌手**'와 같이 '저는 한 명의 가수가 되고 싶습니다'라고 표현하는 것이 더욱 자연스럽습니다.

# 직업 말하기

A : 你做什么工作？
Nǐ zuò shénme gōngzuò?

B : 我是银行职员。
Wǒ shì yínháng zhíyuán.

您在哪儿工作？
Nín zài nǎr gōngzuò?

A : 我在学校工作，是教书的。
Wǒ zài xuéxiào gōngzuò, shì jiāo shū de.

工作 [gōngzuò] 명 동 직업, 일, 일하다

银行 [yínháng] 명 은행

职员 [zhíyuán] 명 직원

学校 [xuéxiào] 명 학교

教 [jiāo] 동 가르치다

**POINT**

◑ 是 ~ 的

일반적으로 강조하고 싶을 때 쓰는 표현이지만, 본문에서처럼 직업을 말할 때 '是 ~的' 구문을 쓰는 경우는 자신의 직업을 낮춰서 말하는 것입니다. 그러므로 본인 외에 다른 사람의 직업을 말할 때는 무례한 표현이 되므로 주의하세요.

- **是教书的。** 책을 가르치는 사람 → 교사(教师jiàoshī)
  Shì jiāo shū de.

- **是开车的。** 차를 운전하는 사람 → 기사(司机sījī)
  Shì kāi chē de.

- **是扫地的。** 바닥을 청소하는 사람 → 환경미화원(清洁工qīngjiégōng)
  Shì sǎo dì de.

## 직업

**警察**
jǐngchá
경찰

**医生 / 大夫**
yīshēng / dàifu
의사

**护士**
hùshi
간호사

**空姐**
kòngjiě
스튜어디스

**美容师 / 理发师**
měiróngshī / lǐfàshī
미용사

**运动员**
yùndòngyuán
운동선수

**商人**
shāngrén
상인

**厨师**
chúshī
요리사

**农夫**
nóngfū
농부

**司机**
sījī
기사

**军人**
jūnrén
군인

**学生**
xuésheng
학생

**公司职员**
gōngsī zhíyuán
회사원

**教授**
jiàoshòu
교수

**公务员**
gōngwùyuán
공무원

**邮递员**
yóudìyuán
우체부

**画家**
huàjiā
화가

**家庭妇女**
jiātíngfùnǚ
가정주부

**会计师**
kuàijìshī
회계사

**翻译**
fānyì
번역가

**售货员**
shòuhuòyuán
판매원

# 또박또박 발음하기

잘 듣고 빈 칸을 채우세요. 🔊

### 성모

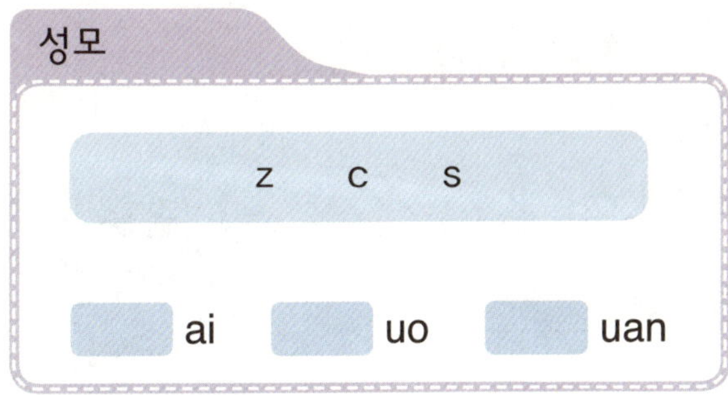


### 운모

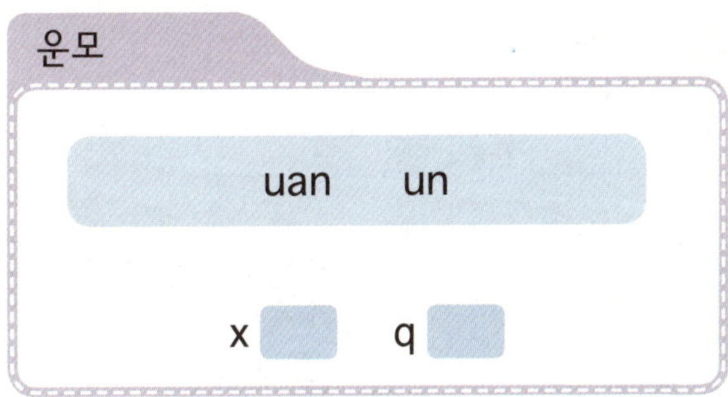


### 성조연습

# 샬라샬라 말하기

**1.** 주어진 단어를 활용해 문장을 연습해보세요.

1) A : 你希望将来做什么？

B : 我想当一名 ________ 。



2) A : 你在哪儿工作？

B : 我在 ________ 工作，是 ________ 。

**새단어**

医院 [yīyuàn] 명 병원　　　　邮局 [yóujú] 명 우체국

饭馆 [fànguǎn] 명 식당

希 xī
望 wàng
梦 mèng
想 xiǎng
工 gōng
作 zuò

# 무럭무럭 실력 키우기

**1.** 그림을 보고 대화를 완성하세요.

1) 

A : 你将来想当什么？

B : 我将来想当 ________ 。

2) 

A : 你在哪儿工作？

B : 我在 ________ 工作，
是 ________ 。

**2.** 주어진 단어를 사용해서 대화를 완성하세요.

1) A : 你将来的梦想是什么？

B : __________________ 。(厨师)

2) A : __________________ ？(哪儿)

B : 我在商店工作。

**3.** 보기에서 알맞은 단어를 골라 다음 문장과 같이 바꿔보세요.

商人　　司机　　农民

我是<u>教书的</u> 。 → 我是<u>教师</u> 。

1) 我是<u>做买卖的</u> 。 → 我是 __________ 。

2) 我是<u>开车的</u> 。 → 我是 __________ 。

3) 我是<u>种地的</u> 。 → 我是 __________ 。

새단어

做买卖 [zuò mǎimài] 동 장사하다
开车 [kāichē] 동 운전하다
农民 [nóngmín] 명 농부
种地 [zhòngdì] 동 농사짓다

## 你的梦想是什么

직접 들으면서
따라 불러 보세요~

MEMO

# 중국의 이색직업

**TIP**

사과 대변인은 말 그대로 남의 잘못을 대신 사과해주는 사람입니다. 중국인들은 체면을 매우 중시하기 때문에 '미안하다'는 말을 쉽게 꺼내지 못합니다. 하지만 살다 보면 꼭 사과를 해야 하는 경우도 생기기 때문에 이 같은 직업이 생기게 된 것입니다. 중국에서 사과 대변인은 매우 이색적이면서도 유용한 직업입니다.

**TIP**

사투리 통역사는 자신의 지역에 오는 타 지역의 중국인들과 의사소통을 하기 위해 사투리를 통역해 주는 사람입니다. 중국 내 사투리는 모두 1500여종에 이르는데, 표준어가 있다고는 하지만 13억이 넘는 모든 중국인이 표준어를 구사할 수 있는 것이 아닙니다. 그래서 타 지역사람과 의사소통에 어려움이 생기자 지역간의 언어, 즉 사투리를 통역해주는 직업이 생겨난 것입니다.

# 자기소개 I

大家好！
Dàjiā hǎo!
여러분 안녕하세요!

我叫金平安，是韩国人。
Wǒ jiào Jīn Píng'ān, shì Hánguórén.
제 이름은 김평안이며, 한국인입니다.

我今年16岁，
Wǒ jīnnián shíliù suì,
저는 올해 16살이고,

身高1米6，
shēngāo yì mǐ liù,
키는 1m 60cm,

我的血型是B型。
wǒ de xuèxíng shì B xíng.
혈액형은 B형입니다.

生日是8月19号，属牛。
Shēngrì shì bā yuè shíjiǔ hào, shǔ niú.
생일은 8월 19일이며, 소띠입니다.

我的手机号码是010-8008-1234。
Wǒ de shǒujī hàomǎ shì líng yāo líng - bā líng líng bā - yāo èr sān sì.
제 휴대폰 번호는 010–8008–1234번입니다.

现在住在韩国首尔。
Xiànzài zhù zài Hánguó Shǒu'ěr.
지금은 한국의 서울에 살고 있습니다.

希望大家喜欢我。
Xīwàng dàjiā xǐhuan wǒ.
여러분들이 저를 좋아하기를 바랍니다.

---

大家 [dàjiā] 데 여러분

金平安 [Jīn Píng'ān] 인명 김평안

身高 [shēngāo] 명 키, 신장

米 [mǐ] 양 미터

血型 [xuèxíng] 명 혈액형

型 [xíng] 명 유형, 모양

首尔 [Shǒu'ěr] 고유 서울

# 자기소개 II

你们好！
Nǐmen hao!
안녕하세요!

现在我来做下自我介绍。
Xiànzài wǒ lái zuò xià zìwǒ jièshào.
지금부터 제 소개를 하겠습니다.

我姓李，名字叫美真。毕业于首尔高中。
Wǒ xìng Lǐ, míngzi jiào Měizhēn. Bìyè yú Shǒu'ěr Gāozhōng.
제 성은 이, 이름은 미진이고, 서울 고등학교를 졸업했습니다.

我家有爸爸、妈妈、哥哥和我，四口人。
Wǒ jiā yǒu bàba, māma, gēge hé wǒ, sì kǒu rén.
우리 집에는 아빠, 엄마, 오빠 그리고 저 이렇게 네 식구가 있습니다.

爸爸、妈妈是公司职员，而哥哥是个学生。
Bàba, māma shì gōngsī zhíyuán, ér gēge shì ge xuésheng.
아빠, 엄마는 모두 회사원이며, 오빠는 학생입니다.

我喜欢玩儿电脑游戏，看电影，特别喜欢网上购物。
Wǒ xǐhuan wánr diànnǎo yóuxì, kàn diànyǐng, tèbié xǐhuan wǎng shàng gòuwù.
저는 컴퓨터 게임과 영화 보는 것을 좋아하며, 특히 인터넷쇼핑을 좋아합니다.

---

李 [Lǐ] 성씨 이　　　　高中 [gāozhōng] 명 고등학교

美真 [Měizhēn] 인명 미진　　特别 [tèbié] 부 특히, 특별히

毕业 [bìyè] 동 졸업하다　　网上购物 [wǎng shàng gòuwù] 명 온라인 쇼핑

于 [yú] 개 ~에, ~에서 (처소나 범위 또는 시간을 이끌어 냄)

我学汉语学了10个月了。
Wǒ xué Hànyǔ xué le shí ge yuè le.
저는 10개월 째 중국어를 배우고 있습니다.

可是我的汉语还是不太好。
Kěshì wǒ de Hànyǔ háishì bú tài hǎo.
그렇지만 제 중국어 수준은 그리 높지 않습니다.

以后我会更加努力，争取把汉语说得跟中国人一样好。
Yǐhòu wǒ huì gēng jiā nǔlì, zhēngqǔ bǎ Hànyǔ shuō de gēn Zhōngguórén yíyàng hǎo.
앞으로 중국인처럼 말할 수 있도록 더욱 노력할 것입니다.

请多多关照。
Qǐng duōduō guānzhào.
잘 부탁드립니다.

可是 [kěshì] 접 그러나

还是 [háishì] 부 아직도, 여전히

以后 [yǐhòu] 명 이후

会 [huì] 조동 ～할 것이다

更加 [gēngjiā] 부 더욱더

努力 [nǔlì] 동 노력하다

特别 [tèbié] 부 특별히

争取 [zhēngqǔ] 동 (실현하기 위해) 노력하다. ～하려고 힘쓰다.

把 [bǎ] 개 ～으로, ～을(를) 가지고

得 [de] (동사 뒤에서 보어를 만들어주는 역할을 함)

跟 [gēn] 개 ～와 (동작과 관련 있는 대상을 끌어들일 때 쓰임)

一样 [yíyàng] 형 같다

多多 [duōduō] 부 많이, 대단히

关照 [guānzhào] 동 돌보다, 보살피다

# 자기소개 Ⅲ

**大家好！**
Dàjiā hǎo!
여러분 안녕하세요.

**我很高兴能站在这里跟大家做个自我介绍。**
Wǒ hěn gāoxìng néng zhàn zài zhèli gēn dàjiā zuò ge zìwǒ jièshào.
이곳에서 여러분께 저를 소개할 수 있어서 매우 기쁩니다.

**今天的这次介绍，我将要让你们了解我，认识我。**
Jīntiān de zhè cì jièshào, wǒ jiāngyaò ràng nǐmen liǎojiě wǒ, rènshi wǒ.
오늘의 이 소개로, 여러분이 저를 이해하고 알게 하려고 합니다.

**我是张东民，现在在北京大学读书。**
Wǒ shì Zhāng Dōngmín, xiànzài zài Běijīng Dàxué dúshū.
저는 장동민 입니다. 지금 베이징대학에서 공부를 하고 있습니다.

**我是今年九月来到北京的。**
Wǒ shì jīnnián jiǔ yuè lái dào Běijīng de.
저는 올해 9월에 베이징에 왔습니다.

**我的爱好是爬山，特长是踢足球。**
Wǒ de àihào shì páshān, tècháng shì tī zúqiú.
제 취미는 등산이고, 특기는 축구입니다.

**我是一个性格活泼的人。**
Wǒ shì yí ge xìnggé huópo de rén.
저는 성격이 활발한 사람입니다.

---

站 [zhàn] 통 서다, 일어서다

这里 [zhèli] 대 이곳, 여기

这次 [zhè cì] 명 이번

将要 [jiāngyaò] 부 막(장차) ~하려 하다

让 [ràng] 통 ~하도록 시키다, ~하게 하다

了解 [liǎojiě] 통 이해하다, 알다

张东民 [Zhāng Dōngmín] 인명 장동민

北京大学 [Běijīng Dàxué] 고유 베이징대학
(북경대학)

来 [lái] 통 오다

读书 [dúshū] 통 공부하다

爬山 [páshān] 통 등산하다

特长 [tècháng] 명 특기, 장기

性格 [xìnggé] 명 성격

活泼 [huópo] 형 활발하다

## 我的优点就是爱动，每天早上我都到外面锻炼。
Wǒ de yōudiǎn jiùshì ài dòng, měitiān zǎoshang wǒ dōu dào wàimian duànliàn.
제 장점은 움직이기를 좋아하는 것이고, 매일 아침 밖에 나가 단련을 합니다.

## 我的缺点是做事马虎。
Wǒ de quēdiǎn shì zuò shì mǎhu.
저의 단점은 무슨 일을 하든지 세심하지 못한 것입니다.

## 为了改掉这个缺点，我现在试着认真对待每件事情。
Wèile gǎi diào zhège quēdiǎn, wǒ xiànzài shì zhe rènzhēn duìdài měi jiàn shìqing.
저는 이 단점을 고치기 위해 모든 일에 대해 착실하고자 노력하고 있습니다.

## 以上就是我的自我介绍，谢谢大家。
Yǐshang jiùshì wǒ de zìwǒ jièshà, xièxie dàjiā.
이상 저의 소개를 마치겠습니다. 감사합니다.

---

优点 [yōudiǎn] 명 장점

爱 [ài] 동 ~하기를 좋아하다

动 [dòng] 동 움직이다

每天 [měitiān] 명 매일

早上 [zǎoshang] 명 아침

到 [dào] 개 ~로, ~에

外面 [wàimian] 명 바깥, 밖

锻炼 [duànliàn] 동 (몸과 마음을) 단련하다

缺点 [quēdiǎn] 명 단점

优点 [jinishi] 명 장점

事 [shì] 명 일

马虎 [mǎhu] 형 세심하지 못하다, 조심성이 없다

为了 [wèile] 개 ~를 위하여

改掉 [gǎidiào] 동 고치다, (나쁜 습관을) 버리다

试 [shì] 동 시험 삼아 해보다, 시험하다

着 [zhe] 조 ~하고 있다, ~하고 있는 중이다 (진행을 나타내는 조사)

认真 [rènzhēn] 형 착실하다, 성실하다

对待 [duìdài] 동 다루다, 대응하다, 대처하다

每 [měi] 대 매, 각

件 [jiàn] 양 가지, 건 (일, 사건을 세는 양사)

事情 [shìqing] 명 일

以上 [yǐshàng] 형 이상, 상기

# 따끈따끈 단어 익히기

## 성격

| 겁이 많다 | 낙천적이다 | 내성적이다 | 냉정하다 | 대범하다 | 똑똑하다 | 명랑하다 |
|---|---|---|---|---|---|---|
| 胆小<br>dǎnxiǎo | 乐天达观<br>lètiāndáguān | 内向<br>nèixiàng | 冷淡<br>lěngdàn | 大方<br>dàfang | 聪明<br>cōngming | 开朗<br>kāilǎng |
| 상냥하다 | 선량하다 | 성격이급하다 | 성실하다 | 소심하다 | 솔직하다 | 신중하다 |
| 温柔<br>wēnróu | 善良<br>shànliáng | 性急<br>xìngjí | 诚实<br>chéngshí | 小气<br>xiǎoqì | 坦白<br>tǎnbái | 谨慎<br>jǐnshèn |
| 외향적이다 | 용감하다 | 유머러스하다 | 의심이 많다 | 자상하다 | 적극적이다 | 조심스럽다 |
| 外向<br>wàixiàng | 勇敢<br>yǒnggǎn | 幽默<br>yōumò | 疑神疑鬼<br>yíshényíguǐ | 体贴<br>tǐtiē | 积极<br>jījí | 小心<br>xiǎoxīn |
| 직설적이다 | 진실하다 | 진취적이다 | 책임감이 강하다 | 친절하다 | 침착하다 | 고지식하다 |
| 口快<br>kǒukuài | 诚实<br>chéngshí | 进取<br>jìnqǔ | 负责<br>fùzé | 亲切<br>qīnqiè | 从容<br>cóngróng | 板直<br>bǎnzhí |

## 지역명

| 서울특별시 | 부산광역시 | 인천광역시 | 대구광역시 | 대전광역시 |
|---|---|---|---|---|
| 首尔特别市<br>Shǒu'ěr Tèbiéshì | 釜山广域市<br>Shǒu'ěr Tèbiéshì | 仁川广域市<br>Rénchuān Guǎngyùshì | 大邱广域市<br>Dàqiū Guǎngyùshì | 大田广域市<br>Dàtián Guǎngyùshì |
| 울산광역시 | 경기도 | 강원도 | 전라북도 | 전라남도 |
| 蔚山广域市<br>Wèishān Guǎngyùshì | 京畿道<br>Jīngjī Dào | 江原道<br>Jiāngyuán Dào | 全罗北道<br>Quánluó běi Dào | 全罗南道<br>Quánluó nán Dào |
| 경상북도 | 경상남도 | 충청북도 | 충청남도 | 제주도 |
| 庆尚北道<br>Qìngshàng běi Dào | 庆尚南道<br>Qìngshàng nán Dào | 忠清北道<br>Zhōngqīng běi Dào | 忠清南道<br>Zhōngqīng nán Dào | 济州岛<br>Jìzhōu Dǎo |

# 저를 소개합니다

**1.** 간단하게 자신의 정보를 중국어로 적어보세요.

- ❀ 이름(姓名) :
- ❀ 성별(性别) :
- ❀ 국적(国籍) :
- ❀ 나이(年龄) :
- ❀ 띠(属相) :
- ❀ 키(身长) :
- ❀ 생년월일(出生年月) :
- ❀ 가족사항(家庭情况) :
- ❀ 연락처(联系方式) :
- ❀ 주소(地址) :
- ❀ 취미(爱好) :
- ❀ 특기(特长) :
- ❀ 장래희망(理想) :
- ❀ 직업(职业) :
- ❀ 성격(性格) :

# **2.** 1번에서 적은 것을 바탕으로 실제 자기소개서를 만들어 보세요.

# 해석 및 정답



**만나고 헤어질 때 인사하기**

A: 안녕!

B: 선생님, 안녕하세요.

A: 잘가!

B: 안녕히 가세요.

**상대방의 안부 묻기**

A: 잘 지내세요?

B: 저는 잘 지냅니다. 당신은요?

A: 저도 잘 지냅니다.

**처음 만났을 때 인사하기**

A: 너희 아빠, 엄마 건강은 어떠시니?

B: 그들은 모두 건강하십니다. 감사합니다.

**주위 사람의 안부 묻기**

A: 만나서 반갑습니다.

B: 당신을 알게 되어서 저 역시 기쁩니다.

### 자기 이름 소개하기

A: 제 소개를 하겠습니다.
저는 이소룡이라고 합니다.

### 이름 묻고 답하기

A: 당신의 이름은 무엇입니까?
B: 저는 이소룡이라고 합니다.
이것은 저의 명함입니다.

### 상대방의 존함 여쭈어보기

A: 실례하지만 성함이 어떻게 되십니까?
B: 성은 김이고 이름은 미화라고 합니다.




### 국적 말하기

A: 당신은 어느 나라 사람입니까?
B: 저는 한국 사람입니다.

### 신분 말하기

A: 당신은 공무원입니까?
B: 저는 공무원이 아닙니다, 저는 학생입니다.

## 나이 말하기

A: 실례하지만, 당신은 올해 몇 살입니까?
B: 저는 올해 16살입니다.

## 상대방의 나이 여쭈어보기

A: 연세가 어떻게 되십니까?
B: 저는 52세입니다.
A: 매우 젊어 보이시네요.
B: 감사합니다.



## 생일 말하기

A: 당신의 생일은 몇 월 며칠입니까?
B: 저의 생일은 1월 3일입니다.
A: 그럼, 다음 주 월요일이겠네요!
B: 네, 다음 주 월요일입니다.

## 띠 말하기

A: 당신의 띠는 무엇입니까?
B: 저는 소띠입니다.
A: 당신은 1985년에 태어났습니까?
B: 네.

## 생일축하하기

A: 오늘이 당신의 생일이지요?
당신의 생일을 축하합니다!
B: 감사합니다.


## 해석 [6과]


## 가족 수 말하기

A: 당신의 가족은 몇 명입니까?
B: 4명입니다. 아빠, 엄마, 언니, 그리고 저입니다. 당신은요?
A: 저는 외동딸입니다. 단지 아빠와 엄마 그리고 저뿐입니다.


## 가족 상황 소개하기

A: 당신의 가족 4명은 모두 함께 삽니까?
B: 아니요, 우리는 3명만 함께 삽니다.
A: 당신의 언니는요? 결혼했습니까?
B: 그녀는 아직 남자친구도 없는 걸요.

**전화번호 말하기**

A: 당신의 전화번호는 몇 번입니까?

B: 3420-6648입니다.
   당신은 핸드폰이 있습니까?

A: 예, 있습니다. 저의 핸드폰 번호는
   010-5584-9876입니다.

**사는 곳 말하기**

A: 당신은 현재 어디에 사십니까?

B: 저는 북경에 삽니다.

A: 저에게 주소를 알려 주시겠습니까?

B: 저는 학원로 9호에 삽니다.



**취미 말하기**

A: 당신의 취미는 무엇입니까?

B: 저의 취미는 운동입니다.
   당신은 무엇을 하는 것을 좋아합니까?

A: 저는 책 보면서 음악 듣는 것을 좋아합니다.

### 능력 말하기

A: 당신은 술을 마실 줄 압니까?

B: 조금 마실 줄 압니다.

A: 얼마나 마실 수 있습니까?

B: 맥주는 한 병 마실 수 있습니다.


## 해석 [9과]

### 장래희망 말하기

A: 당신은 장래에 무엇이 되기를 희망합니까?

B: 저의 꿈은 기자가 되는 것입니다.
   당신은 장래에 어떤 사람이 되고 싶습니까?

A: 저는 가수가 되고 싶습니다.

### 직업 말하기

A: 당신은 무슨 일을 하십니까?

B: 저는 은행직원입니다.
   당신은 어디에서 일하십니까?

A: 저는 학교에서 일합니다. 교사입니다.

# 해석 및 정답



**또박또박 발음하기**

★ 성모
p / m / b
★ 운모
a / i / e / i / o

**무럭무럭 실력 키우기**

1. 1) O
   2) O
   3) X
   4) X

2. 1) 好
   2) 认识
   3) 都

3. B: 你好吗
   A: 你呢

## 또박또박 발음하기

★ 성모
f / f / f
★ 운모
a / ao / ou / i / a

## 무럭무럭 실력 키우기

1. 1) X
   2) O
   3) X
   4) O

2. 1) 名字
   2) 问
   3) 我

3. B: 王王 (예 : 李小龙, 각자 자신의 이름을 넣어 말해 보세요.)
   A: 明明 (예 : 金美花, 각자 자신의 이름을 넣어 말해 보세요.)

## 또박또박 발음하기

★ 성모
t / d / d
★ 운모
an / ong / ang / en

## 무럭무럭 실력 키우기

1. 1) X
   2) O
   3) X
   4) O

2. 1) 哪
   2) 是不是
   3) 公务员

3. B: 英国人
   A: 不是, 大夫

## 정답 [4과]

### 또박또박 발음하기

★ 성모
l / n / n
★ 운모
iao / iu / i / ie / ia

### 무럭무럭 실력 키우기

1. 1) X
   2) O
   3) X
   4) O

2. B: 您多大年纪
3. B: 今年二十四岁

### 또박또박 발음하기

★ 성모
h / k / g
★ 운모
ian / ing / ian / in / iong

### 무럭무럭 실력 키우기

1. 1) X
   2) X
   3) O
   4) O

2. 1) 前年 , 去年 , 今年 , 明年 , 后年
   2) 星期三 , 星期四 , 星期五 , 星期六 ,
      星期日

3. B: 我的生日是十二月二十五号

**또박또박 발음하기**

★ 성모

j / q / x

★ 운모

u / uo / ui / uai / ua

**무럭무럭 실력 키우기**

1. 学生 xuésheng
   老师 lǎoshī
   家　 jiā
   爸爸 bàba
   一起 yìqǐ
   朋友 péngyou

2. 1) A: 口
      B: 有
   2) B: 和
   3) A: 结婚
      B: 还

**또박또박 발음하기**

★ 성모
zh / ch / sh
★ 운모
uan / un / uang

**무럭무럭 실력 키우기**

1. 1) O
   2) X
   3) X
   4) X
   4) X

2. 1) 零幺零 三四五六 九八幺六
      Líng yāo líng – sān sì wǔ liù – jiǔ bā yāo liù

   2) 零二 二四七零 八幺幺二
      Líng èr – èr sì qī líng – bā yāo yāo èr

   3) 三零幺号
      Sān líng yāo hào

   4) 九幺零七幺六 幺二六八九六四
      Jiǔ yāo líng qī yāo liù –
      yāo èr liù bā jiǔ liù sì

3. A: 告诉, 地址

## 또박또박 발음하기

★ 성모
r / r / r
★ 운모
ü / üe

## 무럭무럭 실력 키우기

1. 1) A: ○○○ (예 : 运动, 각자 자신의 취미를 넣어 말
　　 해 보세요.)

　 2) B: (중국어를 할 수 있을 경우)会说汉语
　　　 (중국어를 못할 경우)不会说汉语
　　　 (중국어를 조금 할 수 있을경우)会一点儿

2. 李明 : 你今年多大？
　 王林 : 我今年八岁。 你今年多大？
　 李明 : 我今年十五岁。你的爱好是什么？
　 王林 : 我的爱好是唱歌。你的爱好是什么？
　 李明 : 我的爱好是运动。

## 또박또박 발음하기

★ 성모
s / c / z
★ 운모
un / uan

## 무럭무럭 실력 키우기

1. 1) B: 警察
   2) B: 医院, 医生

2. 1) B: 我将来的梦想是厨师
   2) A: 你在哪儿工作

3. 1) 商人
   2) 司机
   3) 农民

MEMO